Gerechter Frieden

Reihe herausgegeben von
I.-J. Werkner, Heidelberg, Deutschland
S. Jäger, Heidelberg, Deutschland

„Si vis pacem para pacem" (Wenn du den Frieden willst, bereite den Frieden vor.) – unter dieser Maxime steht das Leitbild des gerechten Friedens, das in Deutschland, aber auch in großen Teilen der ökumenischen Bewegung weltweit als friedensethischer Konsens gelten kann. Damit verbunden ist ein Perspektivenwechsel: Nicht mehr der Krieg, sondern der Frieden steht im Fokus des neuen Konzeptes. Dennoch bleibt die Frage nach der Anwendung von Waffengewalt auch für den gerechten Frieden virulent, gilt diese nach wie vor als Ultima Ratio. Das Paradigma des gerechten Friedens einschließlich der rechtserhaltenden Gewalt steht auch im Mittelpunkt der Friedensdenkschrift der Evangelischen Kirche in Deutschland (EKD) von 2007. Seitdem hat sich die politische Weltlage erheblich verändert; es stellen sich neue friedens- und sicherheitspolitische Anforderungen. Zudem fordern qualitativ neuartige Entwicklungen wie autonome Waffensysteme im Bereich der Rüstung oder auch der Cyberwar als eine neue Form der Kriegsführung die Friedensethik heraus. Damit ergibt sich die Notwendigkeit, Analysen fortzuführen, sie um neue Problemlagen zu erweitern sowie Konkretionen vorzunehmen. Im Rahmen eines dreijährigen Konsultationsprozesses, der vom Rat der EKD und der Evangelischen Friedensarbeit unterstützt und von der Evangelischen Seelsorge in der Bundeswehr gefördert wird, stellen sich vier interdisziplinär zusammengesetzte Arbeitsgruppen dieser Aufgabe. Die Reihe präsentiert die Ergebnisse dieses Prozesses. Sie behandelt Grundsatzfragen (I), Fragen zur Gewalt (II), Frieden und Recht (III) sowie politisch-ethische Herausforderungen (IV).

Weitere Bände in der Reihe http://www.springer.com/series/15668

Sarah Jäger · Friedrich Lohmann
(Hrsg.)

Eine Theologie der Menschenrechte

Frieden und Recht · Band 2

Hrsg.
Sarah Jäger
Forschungsstätte der Evangelischen
Studiengemeinschaft e.V.
Heidelberg, Deutschland

Friedrich Lohmann
Institut für Theologie und Ethik
Universität der Bundeswehr München
Neubiberg, Deutschland

Gerechter Frieden
ISBN 978-3-658-23168-2   ISBN 978-3-658-23169-9   (eBook)
https://doi.org/10.1007/978-3-658-23169-9

Die Deutsche Nationalbibliothek verzeichnet diese Publikation in der Deutschen Nationalbibliografie; detaillierte bibliografische Daten sind im Internet über http://dnb.d-nb.de abrufbar.

Springer VS
© Springer Fachmedien Wiesbaden GmbH, ein Teil von Springer Nature 2019
Das Werk einschließlich aller seiner Teile ist urheberrechtlich geschützt. Jede Verwertung, die nicht ausdrücklich vom Urheberrechtsgesetz zugelassen ist, bedarf der vorherigen Zustimmung des Verlags. Das gilt insbesondere für Vervielfältigungen, Bearbeitungen, Übersetzungen, Mikroverfilmungen und die Einspeicherung und Verarbeitung in elektronischen Systemen.
Die Wiedergabe von Gebrauchsnamen, Handelsnamen, Warenbezeichnungen usw. in diesem Werk berechtigt auch ohne besondere Kennzeichnung nicht zu der Annahme, dass solche Namen im Sinne der Warenzeichen- und Markenschutz-Gesetzgebung als frei zu betrachten wären und daher von jedermann benutzt werden dürften.
Der Verlag, die Autoren und die Herausgeber gehen davon aus, dass die Angaben und Informationen in diesem Werk zum Zeitpunkt der Veröffentlichung vollständig und korrekt sind. Weder der Verlag noch die Autoren oder die Herausgeber übernehmen, ausdrücklich oder implizit, Gewähr für den Inhalt des Werkes, etwaige Fehler oder Äußerungen. Der Verlag bleibt im Hinblick auf geografische Zuordnungen und Gebietsbezeichnungen in veröffentlichten Karten und Institutionsadressen neutral.

Verantwortlich im Verlag: Jan Treibel

Springer VS ist ein Imprint der eingetragenen Gesellschaft Springer Fachmedien Wiesbaden GmbH und ist ein Teil von Springer Nature
Die Anschrift der Gesellschaft ist: Abraham-Lincoln-Str. 46, 65189 Wiesbaden, Germany

Inhalt

Eine Theologie der Menschenrechte.
Einführende Überlegungen 1
Sarah Jäger

I Eine Theologie der Menschenrechte?

Zur Theologie der Menschenrechte.
Positionen und Perspektiven 13
Christine Schliesser

Gerechter Frieden und Menschenrechte.
Entwurf einer Theologie der Menschenrechte
in friedensethischer Absicht 47
Friedrich Lohmann

II Repliken

Zur theologisch-ethischen Verankerung
von Menschenrechten 123
Daniel Bogner

Frieden und Menschenrechte in der Praxis
der Vereinten Nationen. Ein Recht auf Frieden? 127
Wolfgang S. Heinz

Universalität der Menschenrechte aus
völkerrechtlicher Perspektive 141
Martina Haedrich

Autorinnen und Autoren 167

Eine Theologie der Menschenrechte
Einführende Überlegungen

Sarah Jäger

1 Einleitung

> „Die politische Gerechtigkeit, an der sich eine Weltfriedensordnung
> als Rechtsordnung orientieren muss, findet ihre Konkretisierung
> in den Menschenrechten. Menschenrechte sind Ausdruck des
> Postulats, dass allen Menschen schon kraft ihres Menschseins,
> unabhängig von ihren biologischen, sozialen, kulturellen und
> individuellen Unterschieden moralisch begründete Rechte zuzuerkennen sind, die von jeder legitimen Rechtsordnung gewährleistet
> werden müssen" (EKD 2007, Ziff. 88).

Mit diesen Worten führt die Friedensdenkschrift der Evangelischen Kirche in Deutschland (EKD) die Wahrung und Umsetzung der Menschenrechte als wichtige Anforderung an eine Friedensordnung als Rechtsordnung im Rahmen des Leitbildes des gerechten Friedens ein.

In der Gegenwart sind die Menschenrechte Teil der „wichtigsten Glaubensartikel liberaler Demokratien" (Hoffmann 2010, S. 7). Sie lassen sich in zweifacher Weise beschreiben: Zum einen handelt es sich um die grundlegendsten Rechte, die ein Mensch haben kann, und zum anderen sind diese Rechte so unentbehrlich, dass sie allen Menschen über soziale Verschiedenheiten und Kulturgrenzen hinweg zustehen (vgl. Hilpert 2016, S. 9). Bei den Menschenrechten lassen sich drei Rechtsarten unterscheiden: Erstens die liberalen Abwehrrechte, die den Schutz der Einzelnen, des Einzelnen vor den Eingriffen des Staates sicherstellen sollen, zweitens politische Teilhaberechte, auch Bürgerrechte genannt, die die Beteiligung am politischen Geschehen ermöglichen, und drittens soziale Leistungs- und Wohlfahrtsrechte, die soziale Sicherheit in prekären Situationen gewährleisten sollen (vgl. Wetz 2009, S. 60f.). Mit ihnen verbinden sich grundlegende Fragen: Gibt es einen universal gültigen Wertekonsens, der über kulturelle und soziale Grenzen hinweg Gültigkeit besitzt? Sind die Menschenrechte sein Fundament? Gibt es eine „Theologie der Menschenrechte" und welche Rolle kann sie in diesem Kontext spielen?

1   Das Verhältnis von Theologie und Menschenrechten in der Geschichte

Zum Verständnis der Menschenrechte und ihrer theologischen Verankerung verhilft ein Blick auf ihre Entstehungsgeschichte. Die beiden christlichen Kirchen standen dem Menschenrechtsgedanken lange Zeit ablehnend gegenüber, wobei besonders der Ausgangspunkt dieser Konzeption beim Menschen und nicht bei Gott kritisiert wurde:

> „Obwohl die Menschenrechte heute weithin als das zentrale Prinzip der Ethik im Raum des Politischen gelten, stellen sie in der Theorietradition der Ethik einen verhältnismäßig jungen Bestandteil dar. Der Ursprung der Menschenrechtsidee ist dabei durchaus umstritten. In jedem Fall verdanken sie sich der Auflösung der

alten ständischen Ordnung, die von dem Ideal der ‚Harmonie durch Ungleichheit' geprägt war" (Anselm 2015, S. 2).

Die Erfahrungen der Konfessionskriege führten erstmals zu einer Aufnahme stoischer und christlicher Gedanken des Naturrechts, dass jeder Mensch von Natur aus gleiche Rechte habe. Die ursprüngliche Verortung der Menschenrechte liegt dann aber in den politisch liberalen Ideen der europäischen Aufklärung freier und gleicher Bürger eines Gemeinwesens. Der Theologe Reiner Anselm weist an dieser Stelle deutlich auf die Kontextgebundenheit der Menschenrechte in Vergangenheit und Gegenwart hin (vgl. Anselm 2015, S. 3).

Im 19. Jahrhundert traten die Menschenrechte hinter andere politisch-soziale Leitbegriffe wie „Zivilisation", „Rasse", „Nation" oder „Klasse" zurück (vgl. Hoffmann 2010, S. 7). Es waren unter anderem die Erfahrungen der nationalsozialistischen Terrorherrschaft, die dazu führten, dass die Menschenrechte als vor- und überstaatliche Rechte bestimmt wurden, die einen Kernbereich persönlicher Integrität schützen sollten. Weiter besteht eine unbestreitbare Kontinuität zwischen der klassischen Naturrechtslehre, die universelle Prinzipien aus der christlichen Schöpfungsordnung herleitete, und dem aktuell propagierten Ethos der Menschenrechte.

> „[D]ie ‚Allgemeine Erklärung der Menschenechte' von 1948 steht im Kontext der Bemühungen, nach den ‚Akten der Barbarei' gerade auch über eine Rückkehr zu naturrechtlichen Denkfiguren eine neue Rechtsgrundlage zu fixieren" (Lohmann 2002, S. 10).

Nach Ende des Zweiten Weltkrieges trat eine Orientierung an Menschenrechten – vor allem verstanden als individuelle Rechte –, neben das Prinzip der Staatssouveränität aus dem Westfälischen Frieden. Diese beiden Prinzipien konnten nun im Rahmen der internationalen Ordnung in Widerspruch zueinander geraten. Einer

These von Fabian Klose (2009) folgend lässt sich der Untergang der kolonialen Imperien ohne den Druck der Menschenrechte nicht erklären. Im Rahmen der kolonialen Auseinandersetzungen lassen sich jedoch auch gegenteilige Überzeugungen finden: Die ehemaligen Kolonialmächte Frankreich und England traten zwar bei den Vereinten Nationen für die Kodifizierung der Menschenrechte ein, suspendierten diese jedoch zur Niederschlagung der Befreiungsbewegungen in Algerien und Kenia.

Der Philosoph Hans Joas (2015) hob als zwei besonders wichtige Prozesse die Abschaffung der Sklaverei und der Folter hervor. Die entsprechenden rechtlichen Veränderungen, die sich an diese Prozesse geknüpft haben, waren mehr als nur Veränderungen der gesetzlichen Lage, vielmehr handelte es sich um „kulturelle Transformationen", für diese hat Joas den Begriff der „Sakralisierung der Person" geprägt:

> „Ich schlage vor, die Menschenrechte und den sie fundierenden Glauben an eine universale Menschenwürde als das Ergebnis eines spezifischen Sakralisierungsprozesses aufzufassen, d.h. eines Wandels, in dem jedes einzelne menschliche Wesen mehr und mehr und in immer stärker motivierender und sensibilisierender Weise als heilig angesehen und dieses Verständnis im Recht institutionalisiert wurde" (Joas 2015, S. 12).

Diese Tendenz zur Sakralisierung der Person finde sich so Joas in den Ethiken aller Religionen, sei zwar nicht zu allen Zeiten dominant, dann aber immer auch mit der „kollektiven Selbstsakralisierung bestimmter Staaten und Staatenbündnisse" (Joas 2015, S. 14) – vor allem im Westen – verbunden gewesen. Mit Verweis auf die Ambivalenz gerade auch der Geschichte des Christentums zwischen dem Ideal menschlicher Würde und der Realität etwa von Folter und Sklaverei und ihrer Rechtfertigung, lasse sich auch die

„Allgemeine Erklärung der Menschenrechte" als einen gelungenen Prozess der „Wertegeneralisierung" (Joas 2015, S. 74) verstehen.

2 Die Auseinandersetzung mit Menschenrechten in der Theologie

Jener Sakralisierungsprozess bildet eine Brücke zur evangelischen Theologie: Die Rezeption des Menschenrechtsgedankens gestaltete sich durchaus herausfordernd. Als besonders problematisch wurde die Autonomie des Menschen erlebt. So macht Reiner Anselm (2015, S. 8) darauf aufmerksam, dass der Rechtsphilosoph Friedrich Julius Stahl (1802-1861) die Auffassung eines christlichen Staates vertrat, „dessen Ordnung zwar Freiheitsrechte anerkennt, allerdings nur innerhalb des durch den Staat vorgegebenen Rahmens – und zwar des christlichen […] Staates". Allerdings gab es durchaus theologische Positionen, die den Menschenrechtsgedanken mit einem durch Gott begründeten Recht verknüpften. Ein Beispiel für diese Position findet sich bei dem lutherischen Theologen Christoph Ernst Luthardt. Schon einige Jahrhunderte früher hatte Bartholomé de las Casas den amerikanischen Ureinwohnern so etwas wie Menschenrechte zugesprochen (vgl. Gillner 1998). Es stellt sich die Frage, wie sich die Menschenrechte und besonders ihre angenommene Universalität theologisch begründen lassen. Ein offenbarungstheologischer Ansatz wie der Karl Barths ist nicht geeignet, um Normen zu begründen, deren Geltungsanspruch über die Christenheit hinausgeht. Aber auch dessen Gegenpol, der Naturrechtsgedanke, ist mit Problemen behaftet. Aktuelle Entwürfe einer theologischen Menschenrechtsbegründung versuchen daher, diese traditonellen Ansätze christlicher Ethik hinter sich zu lassen (vgl. den Beitrag von Christine Schliesser in diesem Band).

Wie kann nun das Verhältnis von evangelischer Theologie und Menschenrechten für die Gegenwart beschrieben werden? Eine mögliche Lesart ist es, mit einem „starken wirkungsgeschichtlichen Zusammenhang zwischen der Ideenwelt des Christentums und der Herausbildung der Menschenrechte im heutigen Verständnis" (Hilpert 2016, S. 32) zu rechnen. Der neuzeitliche Gedanke der Menschenrechte hat Intentionen zur Geltung gebracht, die sich bereits im biblischen Rechtsdenken finden, damit soll freilich nicht zum Ausdruck gebracht werden, dass hier die einzige Wurzel für den Menschenrechtsgedanken liege (vgl. Segbers 2015, S. 15). Die Überzeugung einer alle anderen Grenzen überschreitenden Gleichheit in der Würde findet sich so auch in der biblischen Tradition, besonders deutlich in der ersten Schöpfungserzählung (Gen 1,26). Hier wird der Gedanke „einer alle Völker und nationalen Zugehörigkeiten übersteigenden gemeinsamen Konstitution des Menschen" (Hilpert 2016, S. 26) fruchtbar gemacht. Damit verbinde sich der Gedanke der Brüderlichkeit. Konrad Hilpert verortet die Dokumente, in denen die Menschenrechte inhaltlich niedergelegt sind, in den Kontext von Verträgen, die Gesellschaften neu konstituieren und führt sie auf den Gedanken eines Bundes Gottes mit dem Menschen zurück (vgl. Hilpert 2016, S. 27). Menschenrechte haben den Anspruch, das Zusammenleben in einer Gesellschaft elementar und grundlegend zu ordnen, dies verknüpfe sie mit dem biblischen Dekalog.

Überlegungen zu Menschenrechten sind untrennbar mit Konzepten von Gerechtigkeit verbunden. Mit Blick auf die Friedensethik in ihrer älteren und jüngeren Geschichte hat Friedrich Lohmann in einem früheren Beitrag (2017, S. 154ff.) drei Arten von Gerechtigkeitsvorstellungen unterschieden: retributive Gerechtigkeit, Gerechtigkeit als Rechtsförmigkeit und menschenrechtliche Gerechtigkeit. Letztere sei verknüpft mit dem Leitbild des gerechten Friedens. Die Aktualität der menschenrechtlichen Gerechtigkeits-

Eine Theologie der Menschenrechte. Einführung

vorstellung für die Friedensethik zeige sich zum einen darin, dass in den letzten Jahrzehnten das Konzept der humanitären Intervention in Ethik und Politik erheblich an Bedeutung gewonnen habe, etwa in seiner erweiterten Neufassung als *Responsibility to Protect*. Zum anderen beleuchte gerade das Leitbild des gerechten Friedens den Zusammenhang zwischen Frieden und gerechten Lebensbedingungen im Sinne der Verwirklichung der Menschenrechte. Wie dieser Zusammenhang zwischen gerechtem Frieden und Menschenrechten aus christlicher Sicht konkret zu verstehen ist, war in diesem Beitrag Lohmanns allerdings offen geblieben. Hier soll der vorliegende Band weiterführen.

3   Zu diesem Band

Im Mittelpunkt dieses Bandes steht die Konzeption einer Theologie der Menschenrechte im interdisziplinären friedensethischen Diskurs. Die Untersuchung des Zusammenhanges von Theologie und Menschenrechten steht noch am Anfang. So beleuchtet der erste Beitrag von *Christine Schliesser* zunächst den bisherigen Forschungsstand und die Forschungsgeschichte. Sie untersucht die theologischen Diskurse um menschliche Rechte seit der französischen Revolution und stellt überblicksartig einige zentrale theologische Grundmodelle für die Begründung von Menschenwürde und Menschenrechten vor.

Im Anschluss entwickelt *Friedrich Lohmann* eine Konzeption einer Theologie der Menschenrechte. Er analysiert insbesondere aus theologischer Sicht die gegenwärtige Stellung des Gedankens der Menschenrechte in der (kirchlichen) friedensethischen Debatte. Ansatzpunkte vor allem auch zum Schutz marginalisierter Personengruppen finden sich bereits in der biblischen Überlieferung und der kirchlichen Tradition, trotzdem standen Kirchen und Theologie dem Menschenrechtsgedanken kritisch gegenüber. Lohmann fokussiert in der Konsequenz auf drei Implikationen der menschenrechtlichen Theoriedebatte: Natur versus Kultur, Schutz versus Ermächtigung sowie Subsistenz versus Freiheitsvollzug. Ausgehend von diesen reflektiert der Autor zentrale Gedanken des christlichen Menschenrechtsverständnisses, – den Akzent auf besonders schutzbedürftige Personen und die Ehrfurcht vor dem unendlichen Wert jedes einzelnen Menschen – in friedensethischer Hinsicht.

Dem schließt sich eine interdisziplinäre Debatte an, die die Tragfähigkeit und Anschlussfähigkeit dieses Entwurfs untersucht. Die erste Replik von *Daniel Bogner* hinterfragt aus theologisch-ethischer Sicht die Gegenüberstellung von Schutz- und Freiheitsrechten des „Bedürfniswesens Mensch" und setzt sich mit der Hermeneutik der Überlegungen einer Theologie der Menschenrechte auseinander. Die zweite Replik von *Wolfgang S. Heinz* stellt den Ansatz einer Theologie der Menschenrechte in Beziehung zur Relevanz des theoretischen oder praktischen Rekurses auf die Menschenrechte im Kontext von politischen Konflikten und Friedensverantwortung. Gerade in der Praxis der Vereinten Nationen hat die Menschenrechtsdimension in den letzten Jahren bei der Bearbeitung von gewaltvollen Konflikten stark an Bedeutung gewonnen. Die dritte Replik von *Martina Haedrich* schließlich beleuchtet die Universalität der Menschenrechte und die Wertvorstellungen, die die universellen Menschenrechte prägen, aus völkerrechtlicher Sicht und schafft so Bezüge zu der Konzeption einer Theologie der Menschenrechte. Die Idee der universellen Menschenrechte in der Arbeit der Vereinten Nationen ist ebenso wie die völkerrechtlichen Werte politischer Natur und daher fast immer mit Kompromissen behaftet.

Literatur

Anselm, Reiner. 2015. Menschenrechte – global oder lokal? http://www.st.evtheol.uni-muenchen.de/meldungen/menschenrechte_global_lokal/index.html. Zugegriffen: 23. Januar 2017.

Evangelische Kirche in Deutschland (EKD). 2007. *Aus Gottes Frieden leben – für gerechten Frieden sorgen. Eine Denkschrift des Rates der Evangelischen Kirche in Deutschland.* 2. Aufl. Gütersloh: Gütersloher Verlagshaus.

Gillner, Matthias. 1998. Bartolomé de Las Casas und die Menschenrechte. *Jahrbuch für Christliche Sozialwissenschaften* 39: 143-160.

Hoffmann, Stefan-Ludwig. 2010. Einführung. Zur Genealogie der Menschenrechte. In *Moralpolitik. Geschichte der Menschenrechte im 20. Jahrhundert*, hrsg. von Stefan-Ludwig Hoffmann, 7-40. Göttingen: Wallstein.

Hilpert, Konrad. 2016. *Theologie und Menschenrechte. Forschungsbeiträge zur ethischen Dimension der Menschenrechte.* Teil 2. Fribourg: Academic Press.

Joas, Hans. 2015. *Sind die Menschenrechte westlich?* München: Kösel.

Klose, Fabian. 2009. *Menschenrechte im Schatten kolonialer Gewalt. Die Dekolonialisierungskriege in Kenia und Algerien 1945-1962.* München: Oldenbourg.

Lohmann, Friedrich. 2002. *Zwischen Naturrecht und Partikularismus. Grundlegung christlicher Ethik mit Blick auf die Debatte um eine universale Begründbarkeit der Menschenrechte.* Berlin: Walter de Gruyter.

Lohmann, Friedrich. 2017. Die friedensethische Bedeutung der Kategorie Gerechtigkeit. In *Handbuch Friedensethik*, hrsg. von Ines-Jacqueline Werkner und Klaus Ebeling, 151-161. Wiesbaden: VS Springer.

Segbers, Franz. 2015. *Ökonomie, die dem Leben dient. Die Menschenrechte als Grundlage einer christlichen Wirtschaftsethik.* Neukirchen-Vluyn: Butzon & Bercker.

Wetz, Franz Josef. 2009. Illusion Menschenwürde? In *Der Wert der Menschenwürde*, hrsg. von Christian Thies, 45-62. Paderborn: Ferdinand Schöningh.

I
Eine Theologie der Menschenrechte?

Zur Theologie der Menschenrechte
Positionen und Perspektiven

Christine Schliesser

1 Einleitung

„Wohl keine andere politische Leitidee hat in den letzten Jahrzehnten vergleichbare Relevanz gewonnen wie das Postulat universeller Menschenrechte: der Gedanke also, allen Menschen stünden – allein kraft ihres Titels als Menschen und unabhängig von ihrer biologischen, sozialen und individuellen Verschiedenheit – moralisch begründete Rechte zu, die jede legitime Rechtsordnung anerkennen und gewährleisten muss" (Reuter 1999, S. VII).

„Menschenrechte – auf diesen Begriff stößt man überall" (Hilpert 2018). „Die Menschenrechte sind heute Maßstab der Beurteilung politischen Handelns, der Bewertung einer staatlichen Ordnung und der internationalen Beziehungen" (Honecker 2016, S. 1001). Unstrittig ist – so kann man es diesen Äußerungen der Theologen Hans-Richard Reuter, Konrad Hilpert und Martin Honecker entnehmen – die Aktualität und Relevanz der Menschenrechte. Dabei trifft man auf den Begriff der Menschenrechte in ganz unterschiedlichen Kontexten. Nicht nur kirchliche Vertreter wie der EKD-Ratsvorsitzende Heinrich Bedford-Strohm oder Papst

Franziskus fordern Menschenrechte ein, etwa im Umgang mit Flüchtlingen (Bedford-Strohm 2015) oder im Blick auf „ungerechte ökonomische Strukturen" (Rogak und Collazo 2013, S. 92), auch US-Präsident Donald Trump begründet sein Engagement in Syrien mit dem Einsatz für die Menschenrechte (Williams 2016). Nicht zuletzt zeigten sich jüngst auch Saudi-Arabien sowie die Volksrepublik China als starke Verfechter der Menschenrechte, wenn sie seit 2017 diese Belange als gewählte staatliche Vertreter im UN-Menschenrechtsausschuss vertreten.

Weitaus strittiger als ihre Aktualität erscheint daher die konkrete Interpretation der Menschenrechte. Diese ist wiederum eng verbunden mit der Frage nach ihrer Begründung, nicht zuletzt in der Spannung zwischen universalem Geltungsanspruch und partikularer Moral (vgl. Lohmann 2010). Um eine ganz spezifische partikulare Perspektive, nämlich die der theologischen Ethik, soll es im Folgenden gehen. Dem Versuch einer Zuordnung der Begriffe Menschenrechte und Menschenwürde (1.) folgt ein Überblick über die geschichtliche Entwicklung der theologischen Ethik in ihrem Verhältnis zu den Ideen der Menschenwürde und der Menschenrechte (2.). In einem dritten Schritt werden unterschiedliche Ansätze theologischer Interpretation der Menschenrechte vorgestellt und in folgende drei Begründungsmodelle eingeordnet, theologische Modelle, nichttheologische Modelle und Kombinationsmodelle (3.). Den Abschluss bildet ein Ausblick zur Interpretation von Menschenrechten aus der Perspektive Öffentlicher Theologie, der hier als der bisher produktivste Zugang wahrgenommen wird (4.).

2 Menschenwürde – Menschenrechte

Wer von den Menschenrechten redet, kommt an der Menschenwürde nicht vorbei. Exemplarisch wird dieser Zusammenhang in der Allgemeinen Erklärung der Menschenrechte (AEMR) deutlich, die unter dem Eindruck massenhafter Verstöße totalitärer Regimes gegen elementare Gebote der Humanität entstand und am 10. Dezember 1948 verkündet wurde. Die inhaltlichen Wegbereiter der modernen Menschenrechte lassen sich allerdings bis in das 17. Jahrhundert zurückverfolgen. Zu nennen sind hier insbesondere die englischen Rechteerklärungen. Programmatisch formuliert wurden die Menschenrechte zuerst in der Bill of Rights von Virginia (1776). Auf dem europäischen Kontinent folgten die „Rechte des Menschen und Bürgers" im Kontext der Französischen Revolution in der Erklärung vom 26. August 1789 (vgl. Huber und Tödt 1977, S. 39).

Die Präambel der AEMR beginnt mit dem Hinweis, dass „die Anerkennung der allen Mitgliedern der menschlichen Familie innewohnenden Würde und ihrer gleichen und unveräußerlichen Rechte die Grundlage der Freiheit, der Gerechtigkeit und des Friedens in der Welt bildet". Artikel 1 der AEMR greift den Zusammenhang von Menschenwürde und Menschenrechten nochmals auf, wenn dort formuliert wird: „Alle Menschen sind frei und gleich an Würde und Rechten geboren".

Doch welcher Art ist die Beziehung von Menschenwürde und Menschenrechten? Das Bonner Grundgesetz von 1949 verknüpft diese Begriffe wie folgt. Art. 1 erklärt: „(1) Die Würde des Menschen ist unantastbar. Sie zu achten und zu schützen ist Verpflichtung aller staatlichen Gewalt. (2) Das deutsche Volk bekennt sich darum zu unverletzlichen und unveräußerlichen Menschenrechten als Grundlage jeder menschlichen Gemeinschaft, des Friedens und der Gerechtigkeit in der Welt." Es geht demnach hier um ein Begründungsverhältnis. Aus der allen Menschen gemeinsamen

Menschenwürde folgen für alle Menschen geltende Menschenrechte. Jürgen Moltmann (1971, S. 18) spricht von der Menschenwürde daher auch als „Wurzel aller Menschenrechte".

In der europäischen Geistesgeschichte sind zwei Hauptströmungen auszumachen, die unser Verständnis von Menschenwürde beeinflussen, die antike Tradition, vor allem der griechisch-römischen Stoa, und die christliche Tradition. Im Anschluss an stoische Philosophie redet etwa Cicero von derjenigen Würde der menschlichen Natur, die sich in der Teilhabe an der Vernunft erweist (Cicero 1996, I, S. 106.). In christlicher Tradition ist es – anknüpfend an den biblischen Schöpfungsbericht (Gen. 1,26f.) – vor allem die Rede von der Gottebenbildlichkeit, die für die Überzeugung einer allen Menschen gemeinsamen Würde fruchtbar gemacht wird. Die schöpfungstheologische Begründung der Menschenwürde wird dabei oftmals mit dem paulinischen Gedanken der allen gemeinsamen Gotteskindschaft (Gal 3,26-28) verbunden, die Unterschiede zwischen den Menschen zweitrangig werden lässt.

In der Geistes- und Theologiegeschichte kam der Gedanke der in der Gottebenbildlichkeit begründeten Würde des Menschen unterschiedlich stark zur Geltung. Besondere Aufnahme fand er im italienischen Humanismus bei Pico della Mirandola sowie in der spanischen Hochscholastik bei Francisco de Vitoria und Francisco Suárez. Auch die Reformation erwies sich für den Gedanken der Menschenwürde als wegweisend. In der lutherischen Rechtfertigungslehre wird der Mensch nicht über seine Leistungen definiert, sondern allein über seine Gottesbeziehung. Entsprechend wird auch die menschliche Würde allein über Gottes rechtfertigende Gnade verstanden, die außerhalb jeglicher menschlichen Leistung liegt. Mit der Rechtfertigung korreliert die Freiheit des Gewissens und des Glaubens. Nach Wolfgang Huber (1992, S. 579) bildet daher in „diesem prinzipiellen Sinn […] die Glaubens- und mit ihr die

Religionsfreiheit für ein an der Reformation geschultes Verständnis den Kern der Menschenrechte".

Mit der anthropologischen Wende im Prozess der Aufklärung verschob sich die Bindung der Würde des Menschen an die Gottebenbildlichkeit hin zu einer Bindung an die menschliche Vernunft. Bereits Blaise Pascal hatte formuliert: „L'homme est visiblement fait pour penser; c'est toute sa dignité et tout son mérite" (Pascal 1962, Frg. 146, vgl. Frg. 365). In besonderer Weise steht auch Immanuel Kant für die Zuordnung von Würde und Vernunft. Nach ihm ist die gleiche Würde aller Menschen in der Autonomie gegründet, die dem Menschen als Vernunftwesen zukommt. Aus der Vernunft als Bedingung einer Selbstbestimmung aus Freiheit leitet Kant ab, dass vernünftige Wesen als Zweck an sich zu betrachten sind und niemals nur als Mittel zum Zweck dienen dürfen.

Im Unterschied zur amerikanischen Tradition, in der der Gedanke der Menschenwürde mit einem reformatorisch geprägten Naturrechtsdenken verbunden wurde, ging die Aufklärung in Europa mit einem sehr viel stärkeren Säkularisierungsschub einher. Dieser sollte sich für die Rezeption der Menschenwürde und Menschenrechte im theologischen Diskurs für längere Zeit als verhängnisvoll erweisen.

3 Theologie und Menschenrechte – Keine Liebe auf den ersten Blick

Doch schon vor dem Einsetzen der aufklärerischen Prozesse gab es Aspekte in der theologischen Tradition, die den Blick auf Menschenwürde und Menschenrechte verstellten.[1] Huber weist auf

---

1 Für den historischen Überblick lehne ich mich u. a. an Huber und Tödt (1977) sowie an Huber (1992) an.

folgende drei Faktoren hin (Huber 1993, S. 152f.). Zum einen stellte sich die kirchliche Erbsündenlehre bis in die Neuzeit als problematisch für die Entwicklung einer eigenständigen theologischen Konzeption von Menschenwürde und Menschenrechten dar. Die in der Erbsündenlehre vertretene Auffassung, der Mensch sei von Geburt an durch die Macht des Bösen bestimmt, verband sich mit der Annahme, der Mensch habe dadurch auch die ihm von Gott verliehene Würde verwirkt. Zum anderen erwies sich die Unterscheidung zwischen Christen und Nicht-Christen beziehungsweise Häretikern als folgenschwer. Menschenwürde erschien in dieser Perspektive als ein Privileg der Christen, mit Hilfe dessen sich auch die grausamen Praktiken der Hexenverfolgung, Inquisition oder Judenpogrome rechtfertigen ließen. Und drittens war die christliche Anthropologie beeinflusst durch ein hierarchisches bzw. ständisches Gesellschafts- und Kirchenbild. Statt der verbindenden Bedeutung von Würde (*dignitas*), die allen Menschen zukommt, stand das Verständnis von Würde als Ehre (*honor*) im Vordergrund, die Menschen in unterschiedlichem Maße und bestimmt durch Geburt oder durch Leistung zustand. Die Verbindung von Menschenwürde und Gottebenbildlichkeit wie bei Mirandola oder Vitoria konstituierte dabei die Ausnahme von der Regel.

Vor dem Hintergrund der genannten drei theologischen Hypotheken vertiefte sich das Misstrauen der Kirchen gegenüber der Würde und den Rechten des Menschen, als diese im Zuge der französischen Revolution in einen explizit antikirchlichen Kontext gestellt wurden. Der Terror der Jakobiner und die Entmachtung der katholischen Kirche durch die Revolution führten zu einer Haltung der katholischen Kirche gegenüber den Menschenrechten, die von „Vorsicht und Ablehnung, ja manchmal sogar von offener Feindschaft und Verurteilung" (Päpstliche Kommission 1976, S. 8) geprägt war. Ein Beispiel für Letzteres findet sich bei Leo XIII. In seiner Enzyklika „Immortale Dei" (1885, S. 116f., 119) beschreibt er die Menschenrechte als zum „neuen Recht" gehörig, das mit der Reformation seinen Anfang genommen habe, und das nun endgültig das „christliche Recht" sowie das „Naturrecht" hinter sich gelassen habe. Jenes neue Recht säe Zwietracht zwischen der Einheit von Kirche und Staat und sei ein Wegbereiter der „Todesboten der bürgerlichen Gesellschaft" (Leo XIII. 1885, S. 89) wie Demokratie, Volkssouveränität, Kommunismus, Sozialismus und Nihilismus.

Während des Zweiten Weltkrieges begann sich jedoch ein Wandel im Katholizismus abzuzeichnen, der schließlich mit der Enzyklika „Pacem in terris" (1963) von Johannes XXIII. in die erste „Menschenrechtserklärung" des päpstlichen Lehramts mündete. Diese nimmt zentrale Rechte der AEMR auf und dient wiederum als Anknüpfungspunkt für die Pastoralkonstitution über „Die Kirche in der Welt von heute" sowie für die Erklärung über die Religionsfreiheit, die beide im Kontext des Zweiten Vatikanischen Konzils entstanden. Nachdem die Menschenrechte damit gleichsam aus dem Schatten der Französischen Revolution befreit worden waren, konnten auch die der katholischen Tradition eigenen Ressourcen wie das alte und neuthomistische Naturrechtsdenken wieder ihre Kraft und Produktivität entfalten. Auch aktuelle katholische Ansätze zur Begründung der Menschenrechte greifen auf diese Ressourcen zurück (vgl. Schockenhoff 1996, 2008).

Wie der Katholizismus stand auch der deutsche Protestantismus im 19. sowie in der ersten Hälfte des 20. Jahrhunderts den Menschenrechten ausgesprochen kritisch gegenüber. Wieder waren es der Terror im Gefolge der Französischen Revolution sowie die Bedrohung Deutschlands durch Napoleon, die den Menschenrechtsgedanken für den deutschen Protestantismus negativ besetzt hielten. Und doch gab es auch Stimmen, die versuchten, die Menschenrechtsidee in einem anderen Licht zu sehen. Kant etwa, der „Moralphilosoph des deutschen Protestantismus" (Huber und Tödt 1977, S. 45), zeichnet in seiner Schrift „Zum ewigen Frieden" die große Vision eines Weltbürgerrechts als „öffentliches Menschenrecht" (Kant 1974 [1795], S. 216). Es ist bemerkenswert, dass dieser Ansatz im deutschen Protestantismus nur wenig rezipiert wurde. Stärkeren Einfluss hatte Georg Wilhelm Friedrich Hegel mit seinem Staatsrechtsdenken. Darin bindet Hegel die Rechte und Pflichten des Einzelnen streng an den Staat. Menschenrechte, die dem Einzelnen auch im Gegenüber zum Staat als subjektiv-öffentliche Rechte zukommen, bleiben ihm fremd.

Darüber hinaus verbanden sich in der theologischen Rezeption der Revolution von 1848 und der sich herausbildenden romantischen Religiosität und Innerlichkeit folgende drei Faktoren, die eine positive Aufnahme der Menschenrechte durch den Protestantismus erschwerten (vgl. Huber und Tödt 1977, S. 50): die Vorstellung einer gottgegebenen Ordnung, die zunehmende Skepsis gegenüber einem Fortschrittsoptimismus sowie eine gewisse Distanzierung von der politischen Sphäre. Für den Protestantismus dieser Zeit galten Rechte als nur von objektiven geschichtlichen und gottgegebenen Größen wie dem Staat oder dem Volk herleitbar, nicht aber vom Individuum, wie es die Idee von subjektiv-öffentlichen Menschenrechten voraussetzt. Damit konnten zwar Bürger- beziehungsweise Grundrechte, die der Staat oder auch die Nationalversammlung der Paulskirche 1848 den Menschen garantierten, akzeptiert werden. Rechte, die dem Menschen als von Natur aus angeboren zukommen sollten, hatten hingegen im protestantischen Denken lange keinen legitimen Ort. Mit dem Juristen Georg Jellinek kam es 1895 zu einer Neuinterpretation der Menschenrechte, als dieser sie statt in der Französischen Revolution in der nordamerikanischen Bill of Rights von 1789 kontextualisierte und den Menschenrechtsgedanken auf die Forderung nach Religionsfreiheit zurückführte. Und doch blieb auf protestantischer Seite die Ablehnung der Menschenrechtsidee als perfektionistisches Vollkommenheitsideal, das die Macht des Bösen im Menschen nicht ernst nähme, bis zum Zweiten Weltkrieg bestehen. Paradigmatisch zeigt sich dies etwa in Friedrich Gogartens „Politische Ethik" von 1932. Nach Gogarten setzen die Menschenrechte als Ideale „ein unbegrenztes Vermögen des Menschen" voraus,

> „über sich selbst [...] zu verfügen und das Gute im unendlichen Streben und in der Vervollkommnung seines Selbst zu verwirklichen. Jede individualistische Ethik und das heißt nichts anderes als unpolitische Ethik geht aus von der Voraussetzung, dass der Mensch grundsätzlich gut sei" (Gogarten 1932, S. 117).

Auch in der protestantischen Theologie sollten erst die Erfahrungen des Zweiten Weltkriegs ein Umdenken bewirken. Konfrontiert mit den kirchenfeindlichen Regimen Adolf Hitlers und Joseph Stalins sah man nun die Notwendigkeit einer letzten Berufungsinstanz, die das jeweilige Recht eines Staates transzendiert und diesem auch Grenzen zu setzen vermag. In diesem Sinne mussten sich Menschenrechte auch von den Bürger- beziehungsweise Grundrechten abheben, was sich nur durch eine Verankerung im transstaatlichen Völkerrecht erzielen lässt. Wichtige Impulse kamen dabei in den Folgejahren aus der ökumenischen Bewegung. Besonders hervorzuheben ist dabei die Gründungsversammlung des Ökumenischen Rates der Kirchen (ÖRK) in Amsterdam 1948, bei der das sozialethische Konzept der „verantwortlichen Gesellschaft" proklamiert wurde, das unter anderem Meinungsfreiheit, Toleranz und die Forderung nach Kontrolle der politischen und wirtschaftlichen Macht beinhaltet. Die starke Präsenz der angelsächsischen Perspektiven in der ökumenischen Arbeit erleichterte einerseits die Aufnahme der Menschenrechtsthematik; zugleich erschwerte sie jedoch anfänglich dem deutschen Protestantismus die vorbehaltlose theologische Unterstützung.

Unter den verschiedenen Stationen, die die ökumenische Arbeit an der Menschenrechtsthematik – nicht zuletzt auch durch die konfessionellen Weltbünde wie den Lutherischen Weltbund und den Reformierten Weltbund – kennzeichnen, ist besonders die Vollversammlung des ÖRK in Nairobi (1975) zu nennen, auf der ein Katalog menschenrechtlicher Elementarstandards verabschiedet wurde. Zu diesen Elementarstandards gehören die Rechte des Menschen auf Leben, auf kulturelle Identität, auf Teilhabe an Entscheidungsprozessen, auf Meinungsfreiheit, auf persönliche Würde und auf Religionsfreiheit (vgl. die Vorarbeiten der St. Pöltener Konsultationen vom Oktober 1974, Evangelischer Pressedienst 1975, und die Diskussion dieser Thesen durch die Kammer der EKD für öffentliche Verantwortung in ihrer Stellungnahme „Die Menschenrechte im ökumenischen Gespräch", EKD 1975).

Dabei sind die inhaltlichen Schnittmengen mit den katholischen Verlautbarungen, etwa der „Botschaft über Menschenrechte und Versöhnung" der römischen Bischofssynode von 1974, nicht zu übersehen. 1983 wurde in Vancouver an Nairobi angeknüpft, indem der ÖRK bei seiner Vollversammlung zu einem konziliaren Prozess für Gerechtigkeit, Frieden und Bewahrung der Schöpfung aufrief. Damit begann eine globale Reformbewegung zur „Umkehr in die Zukunft" mit dem Ziel, Umweltzerstörung, Ungerechtigkeit und Unfrieden zu analysieren und zu überwinden, eine Reformbewegung, die bis heute anhält und auch bei der letzten Vollversammlung des ÖRK 2013 in Busan aufgenommen wurde.

3 Theologische Grundmodelle für die Begründung von Menschenwürde und Menschenrechten

In der theologischen Diskussion der Menschenrechte erweisen sich vor allem folgende Fragen als relevant. Inwieweit ist eine theologische Begründung von Menschenrechten möglich beziehungsweise nötig? Wie stellt sich das Verhältnis der Universalität der Menschenrechte zur Universalität des Heilshandelns Gottes in Christus dar? Schließt Ersteres eine partikulare Begründung wie eine christlich-theologische grundsätzlich aus? Und können aus Letzterem, unter der Perspektive des Rechtshandeln Gottes mit den Menschen, gar spezifische Menschenrechte deduziert werden?

Im Folgenden sollen überblicksartig einige zentrale theologische Grundmodelle für die Begründung von Menschenwürde und Menschenrechten vorgestellt werden, die die genannten Fragen in je unterschiedlicher Weise aufnehmen.[2] Ziel ist es dabei nicht, einen umfassenden Überblick aller existierenden Ansätze zu vermitteln, sondern unterschiedliche und paradigmatische Entwürfe zu präsentieren und einer knappen kritischen Analyse zu unterziehen. Unterschieden wird dabei zwischen Ansätzen, die sich eine explizit theologische Begründung zu eigen machen, und jenen, die primär auf nicht-theologische Begründungsstrukturen rekurrieren. Kombinationsmodelle stellen eine dritte Kategorie dar. Der Tatsache, dass sich die meisten aktuellen Entwürfe der zweiten Kategorie zuordnen lassen, wird auch hier durch eine entsprechend proportionale Auswahl Rechnung getragen. Dabei gilt es jedoch zu beachten, dass die Grenzen zwischen den Kategorien bisweilen fließend sind.

---

2 In weiterem Sinne lehne ich mich an die Grundmodelle von Huber und Tödt (1977, S. 64ff.), Huber (1992, S. 591ff.) sowie Bedford-Strohm (2011, S. 11ff.) an, gehe jedoch in meiner dreigliedrigen Typologie über sie hinaus.

3.1 Theologische Begründungsmodelle

3.1.1 Gottesrecht und Menschenrechte (Jürgen Moltmann)

Das erste Modell findet sich in der Theologischen Erklärung des Reformierten Weltbundes zu den Menschenrechten (Reformierter Weltbund 1976; Moltmann 1976a). Dabei geht es um die „theologische Basis der Menschenrechte", wie Jürgen Moltmann (1972) deutlich macht. Die Aufgabenstellung wird dabei wie folgt beschrieben: „Wir sehen den grundlegenden theologischen Beitrag des christlichen Glaubens in diesen Fragen in der Begründung der fundamentalen Menschenrechte aus dem Recht Gottes auf den Menschen" (Reformierter Weltbund 1976, S. 3). Theologischer Ausgangspunkt ist dabei der Bund der Treue Gottes mit seinem Volk, aus dem ein Recht Gottes auf den Menschen abgeleitet wird. Das Recht Gottes wird unter folgenden drei Gesichtspunkten entfaltet: als Verpflichtung gegenüber dem gesamten menschlichen Leben, als Verantwortung aufgrund der andauernden Verletzung von Menschenrechten und als Versöhnungsdienst der Kirche. Der Geltung der Bundestreue Gottes für jeden Menschen entspricht die unveräußerliche Würde jedes Menschen, die in den Menschenrechten konkretisiert werde. Moltmann selbst beschreibt diesen Ansatz als „von oben" (Moltmann 1976b, S. 281), um damit die Universalität der Menschenrechte und der Menschenwürde zum Ausdruck zu bringen. Denn, so Moltmann, ein an der Erfahrung orientierter Ansatz „von unten" könne der Universalität der Menschenrechte nicht Genüge tun. Stattdessen werde diese aus der Universalität des Rechtes Gottes auf den Menschen, wie es im Evangelium zum Ausdruck kommt, begründet.

Die spezifisch theologische Begründung der Universalität der Menschenrechte ist in diesem Ansatz positiv zu würdigen. Doch bleibt zweierlei problematisch (vgl. Huber und Tödt 1977, S. 66):

Zunächst arbeitet dieser Entwurf mit einer Äquivokation, wenn der Begriff des Rechts hier auf unterschiedliche Rechtsverhältnisse angewendet wird: Einerseits wird mit dem „Recht Gottes auf den Menschen" das freie Erwählungshandeln Gottes beschrieben, auf den der Mensch eben keinen Anspruch hat. Andererseits aber wird der Rechtsbegriff auf den Menschen in einer politischen Gemeinschaft angewendet, die durch einander wechselseitig begrenzende Ansprüche gekennzeichnet ist. Auch bleibt offen, wie sich die offenbarungstheologische Begründung zur faktischen geschichtlichen und säkularen Entwicklung der Menschenrechte verhält.

3.1.2 Christliche Wurzeln der Menschenrechte (Konrad Hilpert)

Auch Konrad Hilpert spricht sich für die theologische Begründbarkeit von Menschenrechten aus. Sein Anliegen ist darauf gerichtet, die „christlichen Wurzeln" (Hilpert 2001, S. 355, vgl. Hilpert 1999, 2016) der Menschenrechte und den Einfluss des Christentums auf deren Entwicklung aufzuweisen. Die Grundlage seines Ansatzes stellt dabei die Kategorie der „Entsprechung" (Hilpert 1991, S. 189) dar. So erkennt Hilpert beispielsweise zwischen der AEMR und einzelnen biblisch-christlichen Motiven zwar keine „Deckungsgleichheit", wohl aber „Entsprechungen" (Hilpert 2001, S. 355, 367) und verdeutlicht dies am Beispiel des alttestamentlichen Dekalogs (Ex 20,2-17 bzw. Dtn 5,6-21). Christliche Wurzeln sieht Hilpert ferner nicht nur im neuzeitlichen Verständnis von Würde, Freiheit, Gleichheit und Brüderlichkeit, sondern auch in den neuzeitlichen Vertragstheorien. Hier stehe der biblische Bund Pate. Beiden gehe es um die Ermöglichung von Zusammenleben durch die Gewährleistung fundamentaler Rechte, die staatlicher oder persönlicher Disposition entzogen sind (Hilpert 2001, S. 362f.). Nach Hilpert eignet einer theologischen Begründung ein spezifischer „Mehr-wert" (Hilpert 2005, S. 159), etwa in der Erinnerung daran, dass alle Macht in der Welt begrenzt ist. Mit dem Begriff der „Entsprechungen" macht Hilpert zugleich deutlich, dass die historische Entwicklung der Menschenrechte „nicht *un*mittelbare Konsequenzen theologischer Reflexionen und kirchlichen Handelns waren" (Hilpert 1991, S. 189). Hilpert benennt dabei drei Gruppen von Entsprechungen: „Das Bild vom Menschen", „Gesellschaft" und „Schutz der fundamentalen Lebensbedingungen" (Hilpert 2001, S. 357-367). Nach Hilpert ist für eine Begründung der Menschenrechte aus dem christlichen Glauben des Weiteren der Personengedanke zentral. Für das Verständnis von Menschenwürde und Menschenrechten besonders bedeutsam sind die Gottebenbildlichkeit des Menschen, die gleiche Stellung der Menschen vor Gott sowie der Gedanke der Solidarität, den Hilpert mit dem Begriff der „Brüderlichkeit" (Hilpert 2001, S. 360) verbindet. Mit Hilfe seines auf Entsprechungen beruhenden Ansatzes gelingt es Hilpert, inhaltlich gehaltvolle Verbindungslinien zwischen der christlichen Tradition und den Menschenrechten aufzuweisen, ohne Letztere dabei christlich zu vereinnahmen. Bisweilen scheint er dabei allerdings den historischen Einfluss der christlichen Tradition zu überschätzen. So geht er davon aus, dass der in der Gottebenbildlichkeit zum Ausdruck kommende Gedanke der Gleichheit aller Menschen ein Vorläufer des in späteren Menschenrechtskatalogen zu findenden Verständnisses von Gleichheit sei (vgl. Hilpert 2001, S. 358). Inwieweit diese Beschreibung jedoch historisch zutreffend ist, kann hinterfragt werden.

3.2 Nichttheologische Begründungsmodelle

3.2.1 Säkularer Charakter der Menschenrechte (Martin Honecker)

Für einen Verzicht auf eine spezifisch theologische Legitimation von Menschenrechten plädiert neben anderen Martin Honecker unter Verweis auf deren historische Genese. Da sich die Menschenrechte nicht als Frucht oder Folge des Christentums entwickelt hätten, dürften sie auch nicht auf dem Wege theologischer Begründung für dieses in Anspruch genommen werden (Honecker 1975). Auch gefährde eine partikulare Begründung wie die christlich-theologische den universalen Charakter der Menschenrechte und könne zudem dazu beitragen, „eine bestimmte Sicht der Menschenrechte religiös zu legitimieren" (Honecker 2016, S. 1009). Stattdessen liegt den Menschenrechten nach Honecker das Ethos einer humanen Weltgemeinschaft zugrunde, das sich auf die menschliche Vernunft stützt (vgl. Honecker 1978). Entsprechend sei „der säkulare (weltliche) Charakter der Menschenrechte […] zu wahren" (Honecker 2016, S. 1009). Den Hintergrund dieser Argumentation bildet Honeckers Überzeugung, dass sich die Ethik selbst auf ein allgemein und fundamental Menschliches beziehe, das nicht durch den Rekurs auf das spezifisch Christliche begründbar sei. Zielvorstellungen, die dem Kriterium rationaler Kommunikabilität genügten, könnten daher nicht aus der Theologie, sondern allenfalls aus den Humanwissenschaften gewonnen werden.

Honecker macht hier zu Recht auf die Gefahr einer vorschnellen Vereinnahmung des Menschenrechtsgedankens durch die Theologie aufmerksam. Doch lassen sich folgende zwei Kritikpunkte diesem Ansatz gegenüber geltend machen. Zunächst überschätzt er die Konsensfähigkeit dessen, was als vernünftig angesehen werden kann. Auch vernünftige Menschen können hinsichtlich der Interpretation von Menschenrechten divergieren. Dies führt zum zweiten

Kritikpunkt: Die Menschenrechte sind in ihrer Interpretation auf unterschiedliche Perspektiven angewiesen. Michael Bünker (2011, S. 211) weist im Anschluss an das bekannte Böckenförde-Diktum („Der freiheitliche, säkularisierte Staat lebt von Voraussetzungen, die er selbst nicht garantieren kann" [Böckenförde 1976, S. 60]) auf die Begründungsoffenheit wie auf die Begründungsbedürftigkeit von Menschenrechten hin. Auch die Theologie kann sich daher der Aufgabe nicht entziehen, einen konstruktiven Beitrag zum Verständnis der Menschenrechte zu leisten. Nach Bünker können dabei gerade theologisch-partikulare Begründungen eine Bereicherung im Interpretationsdiskurs sein. „So ist es nicht nur möglich und zulässig, die Menschenrechte (auch) theologisch zu begründen, es kann sogar gegenüber einer rein säkularen Herleitung eine tiefere Fundierung bedeuten" (Bünker 2011, S. 212).

3.2.2 Strukturelle Korrespondenz (Trutz Rendtorff)

Ausgangspunkt des Ansatzes von Trutz Rendtorff ist die Beobachtung, dass auf absehbare Zeit keine universal gültige Begründung der Menschenrechte – theologisch oder nicht-theologischer Provenienz – zu erwarten ist. Von der Begründungsfrage der Menschenrechte unabhängig ist jedoch ihre Evidenz, die mit dem Titel Mensch als vorgegebener Rechtswirklichkeit und der Freiheit der menschlichen Person verbunden ist. Vor diesem Hintergrund richten sich die Bemühungen Rendtorffs weniger darauf, einen Begründungszusammenhang zwischen den Menschenrechten und der Theologie aufzuweisen, als vielmehr darauf, die strukturelle Parallelität zwischen beiden herauszuarbeiten. Dazu dient ihm insbesondere die theologische Lehre von der Rechtfertigung. So wie die Rechtfertigung vor Gott durch Christus dem Menschen allein aus Gnade und nicht aufgrund eigener Leistung zukomme, so komme auch die Menschenwürde und die damit verbundenen Menschenrechte jedem Menschen zu, unabhängig von dessen Leistung oder Eigenschaften. Und so wie Freiheit und Humanität des Menschen einer politischen Ordnung vorausgehen und nicht erst durch diese konstituiert werden, so ist auch die in der Gnade Gottes gegründete Freiheit des Menschen unbedingt und unverfügbar.

> „Das moderne säkulare Konzept der Menschenrechte anerkennt diese Rechte unabhängig von der empirischen Disposition des Individuums und seiner Fragilität. In dieser Hinsicht korrespondiert das säkulare Konzept der Menschenrechte mit dem religiösen Konzept der Freiheit als Unabhängigkeit von der empirischen Welt" (Rendtorff 1987, S. 114).

Aufgrund dieser strukturellen Korrespondenz kann Rendtorff den Menschenrechten auch eine Art Brückenfunktion „für das Verhältnis von demokratisch verfasstem Rechtsstaat und dem durch die Kirchen repräsentierten Christentum" (Rendtorff 2009, S. 210) zuerkennen. Im Aufweis der strukturellen Parallelität zwischen der reformatorischen Rechtfertigungslehre und den Menschenrechten im Allgemeinen und dem neuzeitlichen Freiheitsbewusstsein im Besonderen gelingt es Rendtorff, den christlichen Glauben in seinem funktionalen Gehalt im neuzeitlichen Freiheitsdenken zu verorten. Mit dem Fokus auf den funktionalen Gehalt geraten allerdings zugleich die inhaltlichen Dimensionen des christlichen Glaubens – beispielsweise in seinem kulturkritischen Potential – aus dem Blickfeld. Problematisch erscheint dabei auch die hier gebotene primär individualistische Interpretation des Freiheitsbegriffs. Die soziale Dimension der Freiheit als kommunikative Freiheit tritt dabei in den Hintergrund.

3.2.3 Analogie und Differenz (Wolfgang Huber, Heinz Eduard Tödt)

Auch das von Wolfgang Huber und Heinz Eduard Tödt entwickelte Modell der Analogie und Differenz verzichtet auf eine theologische

Begründung der Menschenrechte. Damit möchte es der historischen Entwicklung der Menschenrechte Rechnung tragen, deren Geltung oftmals auch gegen den Widerstand der christlichen Kirchen durchgesetzt wurde. Ziel dieses Ansatzes ist es vielmehr, Analogien und Differenzen zwischen den Menschenrechten und theologischen Grundaussagen zu erfassen, um von daher ein theologisches Verständnis der Menschenrechte sowie Kriterien für einen christlich verantworteten Umgang mit ihnen zu gewinnen. Nach Huber und Tödt zeigen sich die Analogien insbesondere in der Trias von Freiheit, Gleichheit und Teilhabe. Als ein Beispiel verweisen sie auf die „dem Menschen von Gott zukommende Freiheit" (Huber und Tödt 1977, S. 72), die zwar mit einem säkularen Verständnis der Freiheit nicht identisch sei, aus welcher sich aber „Kriterien dafür ergeben, welche Freiheitsrechte die Menschen einander gewähren können und sollten" (Huber und Tödt 1977, S. 72). Eine theologische Erörterung der Menschenrechte könne darum nicht zum Ziel haben, das Evangelium in eine politische Doktrin zu verwandeln und damit zu einem „Gesetz" werden zu lassen. Sondern es gehe darum, „in der Auslegung der befreienden Gerechtigkeit Gottes diejenigen Zumutungen zu formulieren, die auch als Kriterien menschlicher Rechtsfindung und Rechtsverwirklichung nach Geltung drängen" (Huber und Tödt 1977, S. 72). Dieses Modell würdigt die säkularen Wurzeln der Menschenrechte, während es der Theologie zugleich ermöglicht, sich einerseits konstruktiv in die Interpretation der Menschenrechte einzubringen, andererseits aber auch ihr kritisches Potential zu entfalten, etwa indem sie auf eine mögliche Vereinseitigung der individuellen Freiheit hinweist. Eine weitere Stärke dieses Modells besteht darin, dass es sich seiner Perspektivität bewusst ist und daher explizit die interdisziplinäre Zusammenarbeit, insbesondere mit rechtlichen und philosophischen Ansätzen, sucht. Kritisch zu hinterfragen ist hingegen die These, dass aus der historischen Genese der Menschenrechte, die sich weitgehend ohne beziehungsweise gegen die christlichen Kirchen vollzog, die Unmöglichkeit oder Unangemessenheit einer theologischen Begründung der Menschenrechte folge. Diese Kritik richtet sich zugleich gegen Honeckers ähnlich gelagerte These, dass sich die historische Entwicklung der Menschenrechte und ihr säkularer Charakter gegen eine theologische Begründung sperrten (vgl. Honecker 2016, S. 1009). Plausibler ist es, die Theologiegeschichte selbst einer kritischen Analyse zu unterwerfen und aufzuzeigen, wo relevante biblische Stellen nicht sachgemäß interpretiert wurden (vgl. die Entwicklung der theologischen Interpretation von Sklaverei und Apartheid). Erst die Schrecken des Zweiten Weltkrieges haben die Augen für die Notwendigkeit und Möglichkeit einer theologischen Neuinterpretation der Menschenrechte geöffnet, die über eine Analogie hinausgehend auch theologische Begründungen umfassen kann.

3.2.4 Menschenrechte als interkultureller *Overlapping Consensus* (Heiner Bielefeldt)

Gegen eine kulturalistische Vereinnahmung der Menschenrechte, durch die die Menschenrechte als „das besondere Erbe einer bestimmten Kultur oder Religion in Anspruch genommen werden" (Bielefeldt 2003, S. 123, vgl. Bielefeldt 1998), verwehrt sich Heiner Bielefeldt. Hintergrund bilden seine Befürchtungen einer Unterminierung des Universalismus der Menschenrechte und damit ihrer Relativierung. Stattdessen macht er drei Leitmotive stark, die gemeinsam das normative Profil der Menschenrechte bilden. Neben den universalen Geltungsanspruch der Menschenrechte (1.) tritt ihre inhaltliche Ausrichtung an Freiheit und gleichberechtigter Partizipation (2.). Orientierungsmaßstab dafür bildet die Menschenwürde, die für ihn den „Grund der Menschenrechte" (Bielefeldt 2011, S. 105, vgl. Bielefeldt 2008) darstellt. In ihrer politisch-rechtlichen Durchsetzungsintention zeigt sich der dritte

Aspekt (3.). In Anlehnung an John Rawls versteht Bielefeldt die Menschenrechte als Kern eines interkulturellen „overlapping consensus" (Rawls 1993, S. 133f.). Diesen entfaltet er mit Hilfe von drei Aspekten. Zunächst weist er auf die kritische Dimension der Menschenrechte. Der *Overlapping Consensus* sei damit kein deskriptiver, sondern ein normativer Begriff, der etwa die Grenzen der Toleranz deutlich macht. Zugleich zeigt Bielefeldt die begrenzte normative Reichweite der Menschenrechte als politisch-rechtliches Konzept auf. „Menschenrechte wollen weder ein umfassendes Ethos noch eine globale Einheitskultur durchsetzen noch gar eine für die gesamte Menschheit verbindliche Weltanschauung oder ‚Zivilreligion' zustandebringen" (Bielefeldt 2003, S. 138). Schließlich betont Bielefeldt die Möglichkeit einer umfassenderen Ausdeutung der Menschenrechte über die politisch-rechtliche Ebene hinaus. Mit seinem Verständnis von Menschenrechten als *Overlapping Consensus* wirkt Bielefeldt der Gefahr einer Relativierung der Menschenrechte durch kulturalistische Vereinnahmung effektiv entgegen und macht deutlich, dass viele Kulturen Anknüpfungspunkte für die Menschenrechte bieten. Auch ist sein Ansatz dahingehend zu würdigen, dass er dem in nicht-westlichen Ländern verbreiteten Missverständnis entgegentritt, Menschenrechte seien ein rein westliches Konstrukt und eine Zustimmung von der Übernahme „westlicher Werte" abhängig. Kritisch zu sehen ist hingegen Bielefeldts Zurückweisung des Versuchs, „Wurzeln" der Menschenrechte in partikularen Kulturen aufzuweisen. Denn genau um eine solche Verankerung in den Inhalten der eigenen Tradition muss es gehen, wenn mit den Menschenrechten ein interkultureller *Overlapping Consensus* aufgewiesen werden soll. Andernfalls droht ein Verbleib dieses Konsenses auf der formalen Ebene und damit seine Schwächung. Wie oben bereits ausgeführt, sind die Menschenrechte nicht nur „begründungsoffen", sondern „begründungsbedürftig". Um den Menschenrechtsgedanken zu stärken, ist damit gerade die inhaltliche Anschlussfähigkeit und tiefe innere Verbindung einer spezifischen Tradition mit den Menschenrechten herauszuarbeiten, wenn auch freilich ohne Exklusivitätsansprüche.

3.2.5 Die Demokratiedefizite der Menschenrechte und das radikale gesellschaftliche Imaginäre (Ulrike Auga)

Nach der Kulturwissenschaftlerin und Theologin Ulrike Auga ist die Frage nach einer Universalität der Menschenrechte oder einem Recht auf kulturelle Differenz falsch gestellt. Am Beispiel der sexuellen Rechte versucht sie, die „Fundamente des Demokratiedefizits der Menschenrechte" offenzulegen, „die über eine historische und konstruktivistische Dimension hinausgreifen" (Auga 2008, S. 358). Dabei ist es ihr Ziel, die Funktionsweise des Rechts selbst einer Kritik zu unterziehen, da dieses auf Ausschluss und einer Naturalisierung von „Identitäten" basiere und damit letztlich in sich selbst widersprüchlich sei. Vor diesem Hintergrund zeige sich, dass der emanzipatorische Wert der Menschenrechte gering sei. Entsprechend sei auch die Forderung nach einer Aufnahme des Begriffs der sexuellen Rechte in den Menschenrechtskatalog ungenügend, da sich der Glaube an die Kraft des liberalen Rechts als unhaltbar erwiesen habe. Auch das Aufdecken der historischen und konstruktivistischen Mängel des Rechts und deren Verbesserung sei nicht hinreichend. Zwar weise dieser Zugang, so Auga, zu Recht darauf hin, dass „sich Menschenrechte auf einer Basis eurozentrischer, androzentrischer, hetero-normativer und rassistischer Konstellationen entwickelt" (Auga 2008, S. 363) hätten, doch müsse letztlich das Paradox des Rechts selbst benannt werden. Dieses bestehe unter anderem darin, dass es ein ontologisch autonomes Subjekt voraussetze, von dessen Partizipation jedoch marginalisierte Gruppen ausgeschlossen seien. Unter Verweis auf

Michel Foucault sieht Auga Recht damit als Herrschaftsinstrument. „Rechte, die neutral und universal erscheinen, heben die Macht der Machthabenden an" (Auga 2008, S. 365). Es bedürfe daher einer Neuordnung der Universalität für ein globales radikal demokratisches Projekt, wie es sich in einem radikalen gesellschaftlichen Imaginären jenseits des Rechtsdiskurses zeige. Im Anschluss an Judith Butler plädiert Auga dafür, das Partikulare nicht als Repräsentanten eines Universalen zu fassen, sondern zwischen unterschiedlichen Angeboten von Universalität zu vermitteln. Auf diese Weise könne es gelingen, den Gegensatz von Partikularität und Universalität zu überwinden. Als besondere Herausforderung an die Theologie sieht Auga dabei das Aufzeigen von Repräsentationen verschiedener Versionen von Universalität.

Auga macht zu Recht darauf aufmerksam, dass die Durchsetzung der Menschenrechte sowie die Erweiterung ihres Katalogs allein nicht ausreichen, um eine demokratische und solidarische Weltgemeinschaft zu sichern. Stattdessen gilt es, auch versteckte Hegemonialstrukturen des Rechts aufzuzeigen. Auch ist ihr gendersensibler Zugang zu würdigen, der kritische Rückfragen an die Menschenrechte selbst – etwa als „Männerrechte" – ermöglicht. Offen hingegen bleibt, welche konkrete Gestalt das radikale gesellschaftliche Imaginäre annehmen kann beziehungsweise soll, um dem Aufbau einer radikal demokratischen globalen Gesellschaft zu dienen. Des Weiteren ist kritisch zu fragen, ob hier nicht die „Schnittmenge von gesellschaftlichen Zielen" (Auga 2008, S. 367) überschätzt wird, die Auga auch in konkurrierenden beziehungsweise gegensätzlichen Vorstellungen von Universalität sieht. Schließlich scheint die Aufgabe der Theologie mit dem Aufzeigen verschiedener Universalitätsvorstellungen nicht umfassend genug benannt. Weder das konstruktive noch das (gesellschafts-)kritische Potential der Theologie wird darin ausreichend berücksichtigt.

3.3 Kombination von theologischer und nichttheologischer Begründung

3.3.1 Doppelte Begründung der Menschenrechte (Eberhard Schockenhoff, Dietrich Bonhoeffer)

Eine doppelte Begründung der Menschenrechte rekurriert auf eine naturrechtliche und damit der allgemeinen Vernunft zugängliche Argumentation einerseits und auf heilsgeschichtlich-theologische Argumente andererseits. Sie findet sich oftmals bei katholischen Autoren. So unterscheidet etwa Eberhard Schockenhoff vor dem Hintergrund einer thomanischen Theorie der praktischen Vernunft zwischen dem universalen Anspruch des Naturrechts und dem universalen Anspruch biblischer Ethik. Dabei sieht er beides nicht in Spannung zueinander, sondern in einem Verhältnis gegenseitiger Ergänzung, wie er am Beispiel der Feindesliebe verdeutlicht. „Im persönlichen Nahbereich findet die Forderung der Feindesliebe einen Widerhall in der Vernunft jedes Menschen, wenn er zu verstehen beginnt, dass ihr doppeltes Ziel – die Überwindung des Racheimpulses im eigenen Herzen und die ‚Entfeindung' des Gegners – der einzige erfolgreiche Weg zur definitiven Überwindung der Feindschaft unter den Menschen ist" (Schockenhoff 1996, S. 295).

Unter den wenigen protestantischen Theologen, die eine Wiedergewinnung des Naturrechts zur Begründung von Menschenrechten anstreben, ist Dietrich Bonhoeffer. Ausgangspunkt seines unvollendet gebliebenen Ethik-Manuskripts „Das natürliche Leben", das zu Recht als erste „theologisch-ethische Lehre von Menschen- und Grundrechten" eines „deutsche[n] protestantische[n] Theologe[n] des 20. Jahrhunderts" gilt (so die Herausgeber von Bonhoeffers Ethik, Bonhoeffer 1992, S. 217, FN 150), ist für ihn die Differenzierung zwischen Letztem und Vorletzten, Rechtfertigung und Recht. Beides ist dabei untrennbar aufeinander bezogen. „Dem Hungernden Brot verschaffen, ist Wegbereitung für das Kommen der Gnade" (Bonhoeffer 1992, S. 155). Die Begründung einzelner Menschenrechte ist bei Bonhoeffer dabei stets eine doppelte, naturrechtlich-säkular und theologisch. „Das Recht auf das leibliche Leben" (Bonhoeffer 1992, S. 179) beispielsweise wird einerseits im antiken Gedanken des *ius nativum*, des „Recht, das mit uns geboren ist", gegründet. Dem stellt Bonhoeffer andererseits eine schöpfungstheologische Argumentation an die Seite: „Da es nach Gottes Willen menschliches Leben auf Erden nur als leibliches Leben gibt, hat der Leib um des ganzen Menschen willen das Recht auf Erhaltung" (Bonhoeffer 1992, S. 179; vgl. Schliesser 2014).

Mit Hilfe einer doppelten Begründung von Menschenrechten gelingt es diesen Ansätzen, theologische Sprachspiele in säkular rezipierbare Sprache zu übersetzen und somit über ein binnen-theologisches Publikum hinaus zugänglich zu machen. Diese „Zweisprachigkeit" erscheint für die interdisziplinäre Zusammenarbeit unumgänglich. Sie wird uns beim Ansatz der Öffentlichen Theologie wieder begegnen. Zu kritisieren ist aus protestantischer Sicht und mit Bonhoeffer die substanzontologische Prämisse der katholischen Perspektive. Während für die katholische Dogmatik die Vernunft eine wesentliche Integrität bewahrt hat, sieht Bonhoeffer auch die Vernunft in vollem Umfang als vom Sündenfall betroffen an (vgl. Bonhoeffer 1992, S. 167). Eine evangelische Sichtweise betont dagegen die relationale Dimension der Gottebenbildlichkeit, die einzig auf Gottes Gnade und Treue beruht.

3.3.2 Die Gottesspur der Menschenrechte (Hans-Joachim Sander)

Auch Hans-Joachim Sanders Ansatz spiegelt das Bemühen wider, in der Begründung der Menschenrechte einen theologischen Binnendiskurs mit einem Außendiskurs zu verknüpfen. Während er einerseits den Ursprung der Menschenrechte theologisch in der „Menschwerdung Gottes" (Sander 2004, S. 80) verortet, sucht er zugleich eine außertheologische Bestimmung der Menschenrechte beziehungsweise der Menschenwürde, indem er den Ausnahmezustand als Ursprung der Menschenrechte bestimmt (Sander 2004, S. 89). Im Anschluss an Michel Foucaults Machtanalysen und Giorgio Agambens Figur des *homo sacer* arbeitet Sander dazu die Körperdimension der Menschenrechte heraus und erkennt in der Ohnmacht des Körpers eine Machtdimension der Menschenrechte. Dies verdeutlicht er anhand der Unterscheidung zwischen Opfer als *victimes* und Opfer als *sacrifices*. Zwar wurde das Leben der Opfer (*victimes*) durch Gewalt zerstört. Doch indem sie damit zugleich die Herkunft von Menschenrechten bilden, werden „diese Opfer von Gewalt zu *sujets* gegen die Gewalt" und damit ihr Opfer „zu einem *sacrifice* [...]. Dabei wird die Ohnmacht, die die *victimes* erinnert, zu einer eigenen Form von Macht" (Sander 2004, S. 89, vgl. Sander 1999). Ein Zeichen dieser Macht stellen, so Sander, die Menschenrechte dar.

Dass „Gott [...] mit den Menschenrechten verbunden" (Sander 2004, S. 93) sei, ist nach Sander keine überraschende theologische Aussage. Er kann daher von Menschenrechten auch als „gottesgesättigt" (Sander 2004, S. 93) sprechen. Die entscheidende theologische Frage sei vielmehr: „Kann man mit Gott der angetasteten Würde von Menschen widerstehen und sind deshalb die Menschenrechte eine Form von Gottesrede, welche die Christinnen und Christen weitgehend noch lernen müssen?" (Sander 2004, S. 93). Dieser Frage geht Sanders aus christologischer Perspektive mit Hilfe des Kreuzesereignisses Jesu nach, in dem er die Erlösungsmacht Gottes in der Ohnmacht erkennt sowie gleichsam ein Zeichen der anonymen Präsenz Gottes in den Ausnahmezuständen dieser Welt ausmacht. In den Kämpfen für Menschenrechte sieht Sander daher auch einen Ort Gottes in der heutigen Welt, ohne letztere religiös vereinnahmen zu wollen. Sanders Entwurf bietet eine konstruktive Zusammenschau einer theologischen Begründung von Menschenrechten und ihrer außertheologischen Verortung. Mit Hilfe der Körperdimension gelingt es Sander, nicht nur auf einen zentralen, aber oftmals vernachlässigten Aspekt in der Menschenrechtsdebatte aufmerksam zu machen, sondern diesen zugleich als Brücke zwischen theologischen und nichttheologischen Diskursen fruchtbar zu machen. Während Sanders Ansatz, in der Ohnmacht der Opfer Machtpotentiale zu identifizieren, nicht nur christologisch attraktiv ist, ist diese nachträgliche und externe „Sinnzuschreibung" von Leid zugleich nicht unproblematisch. So könnte es geradezu zynisch wirken, wenn Sander sowohl in der christologischen Redeweise von Gott als auch in der Sprache der Menschenrechte „Opfer und Opferbereitschaft" (Sander 2004, S. 96) identifiziert. Uneingeschränkte Unterstützung hingegen verdient sein Ausweis der Kirche als „eine christliche Gemeinschaft und eine menschenrechtliche Gesellschaft" (Sander 2004, S. 101).

4 Ausblick: Menschenrechte aus der Perspektive Öffentlicher Theologie

Ziel dieser Übersicht war es, einen Überblick über unterschiedliche aktuelle Ansätze und Möglichkeiten zu vermitteln, sich der Menschenwürde und den daraus hervorgehenden Menschenrechten aus theologischer Perspektive zu nähern. Es wurde deutlich, dass es vor allem die Überlegungen zur Gottebenbildlichkeit des Menschen, zur Inkarnation und zur Rechtfertigung des Sünders durch Christus allein aus Gnade sind, die eine zentrale Stellung in der theologischen Beschäftigung mit den Menschenrechten einnehmen, sei es in Form von Begründungen oder im Aufweis von Analogien. Im Anschluss an Heinrich Bedford-Strohm sollen dem bisher Ausgeführten nun noch einige Überlegungen aus der Perspektive Öffentlicher Theologie an die Seite gestellt werden (vgl.

Vögele 2000). Öffentliche Theologie versteht sich als ein Modus, Theologie zu treiben, in dem zugleich an der Öffentlichkeitsrelevanz der Theologie und der Theologierelevanz der Öffentlichkeit festgehalten wird. Nach Wolfgang Vögele beinhaltet Öffentliche Theologie dabei „die Reflexion des Wirkens und der Wirkungen des Christentums in die Öffentlichkeiten der Gesellschaft hinein; das schließt ein sowohl die Kritik und die konstruktive Mitwirkung an allen Bemühungen der Kirchen, der Christen und Christinnen, dem eigenen Öffentlichkeitsauftrag gerecht zu werden, als auch die orientierend-dialogische Partizipation an öffentlichen Debatten, die unter Bürgern und Bürgerinnen über Identitäten, Ziele, Aufgaben und Krisen dieser Gesellschaft geführt werden" (Vögele 1994, S. 421f.).

Im Kontext einer theologischen Begründung von Menschenrechten ist dabei vor allem auf die „biblische Option für die Schwachen" (Bedford-Strohm 2011, S. 14) hinzuweisen. Die Parteinahme für die Opfer von Unterdrückung und Ausbeutung tritt in der biblischen Tradition – im Alten wie im Neuen Testament und in der christlichen wie in der jüdischen Überlieferung – deutlich hervor. In der Befreiungstheologie findet sich dafür der Ausdruck „Option für die Armen". Da Armut jedoch nicht nur auf materielle Armut zu beschränken ist, bietet sich der umfassendere Begriff „Option für die Schwachen" an. Nicht zuletzt zeigt sich Gottes radikale Option für die Schwachen im Tod Jesu von Nazareth am Kreuz. „Der göttlichen Option für die Schwachen entspricht eine menschliche Option für die Schwachen, die in dem Einsatz für Menschenwürde und Menschenrechten ihren konkreten Ausdruck findet" (Bedford-Strohm 2011, S. 16). Die theologische Tradition erinnert uns zudem an die Fehlbarkeit – theologisch: Sündhaftigkeit – des Menschen. Aus theologischer Perspektive dienen die Menschenwürde und die Menschenrechte daher als ein „kritischer Maßstab für jedes staatliche Handeln" (Bedford-Strohm 2011,

S. 17), aber auch für das eigene Handeln, individuell wie institutionell-kirchlich. Mit ihrem Verständnis von Vergebung, Heilung und Versöhnung weist die theologische Perspektive des Weiteren Ressourcen auf, Schuld und Verletzungen von Menschenwürde und Menschenrechten einerseits ernst zu nehmen und zugleich produktiv mit ihnen umzugehen. In der Perspektive Öffentlicher Theologie ist der Rekurs auf die biblisch-theologischen Ressourcen in der Interpretation und im Umgang mit Menschenrechten ebenso von Bedeutung wie die Notwendigkeit, die Zusammenarbeit mit anderen Traditionen, religiösen und nichtreligiösen, zu suchen und für das konkrete Eintreten für Menschenrechte fruchtbar zu machen. Dieser Ansatz lässt sich daher ebenfalls als eine Kombination von theologischer und nichttheologischer Begründung von Menschenrechten verstehen. Es handelt sich um ein Modell, das die Begründungsbedürftigkeit der Menschenrechte dahingehend ernst nimmt, dass es deren innere Verbindungen zur christlichen Tradition ausweist. Zugleich nimmt es die Begründungsoffenheit der Menschenrechte dadurch ernst, dass es sich als eines unter vielen möglichen Interpretationsmodellen versteht, auf die die Menschenrechte angewiesen sind, um ihrem universalen Anspruch Genüge zu leisten.

Abschließend soll noch auf einige offene Fragen hingewiesen werden. Im Kontext theologischer Interpretationen der Menschenrechte muss auch nach der Funktion der Kirche und den ekklesiologischen Implikationen gefragt werden (vgl. Vögele 2000, S. 493). Neben Fragen der innertheologischen Diskussion stellt sich zudem aktuell die Herausforderung, wie islamische Traditionen in den Menschenrechtsdiskurs verstärkt einbezogen werden können. Ein stärkeres Einbinden islamischer Perspektiven könnte zudem dem Vorurteil begegnen helfen, die Menschenrechte seien ein individualistisches und am westlichen Personenverständnis orientiertes Konstrukt (zur Genese der AEMR vgl. Joas 2011, S. 251ff.). Des

Weiteren ist nach dem Zusammenhang des (theologischen) Menschenrechtsdiskurses mit Entwicklungszielen, wie sie prominent durch die *Sustainable Development Goals* (SDGs) 2015 formuliert werden, zu fragen, deren inhaltliche Parallelität nicht zu übersehen ist (vgl. zum Beispiel die Präambel AEMR „Gleichberechtigung von Mann und Frau" und SDG 5 „Geschlechtergleichheit", Art. 2 AEMR „Rechte und Freiheiten ohne irgendeinen Unterschied" und SDG 10 „Weniger Ungleichheiten" und Art. 26 AEMR „Recht auf Bildung" und SDG 4 „Hochwertige Bildung"). Und nicht zuletzt gilt es, im Diskurs um Begründungs- und Interpretationsfragen die Herausforderungen nicht aus dem Blick zu verlieren, die mit der konkreten Umsetzung von Menschenrechten verbunden sind (Joas 2011, S. 280f.).[3]

Literatur

Allgemeine Erklärung der Menschenrechte. http://www.humanrights.ch/de/internationale-menschenrechte/aemr/text/0-praeambel-aemr. Zugegriffen: 30. Oktober 2017.

Auga, Ulrike. 2008. Sexuelle Rechte und Menschenrechte. Probleme der interkulturellen Debatte. *Zeitschrift für Germanistik, Neue Folge* 18 (2): 357-369.

---

3 Für hilfreiche Anmerkungen und Diskussionen danke ich den Mitgliedern der Arbeitsgruppe 3 „Gerechter Friede durch Recht?" im Rahmen des Konsultationsprozesses „Orientierungswissen zum gerechten Frieden". Dieser Konsultationsprozess wird z. Zt. an der Forschungsstätte der Evangelischen Studiengemeinschaft (FEST) in Heidelberg durchgeführt.

Bedford-Strohm, Heinrich. 2011. Menschenrechte und Menschenwürde in der Perspektive Öffentlicher Theologie. *International Journal of Orthodox Theology* 2 (3): 5-20.

Bedford-Strohm, Heinrich. 2015. Gegen ein Europa der Abschottung. https://landesbischof.bayern-evangelisch.de/Gegen-ein-Europa-der-Abschottung-132.php. Zugegriffen: 30. Oktober 2017.

Bielefeldt, Heiner. 1998. *Philosophie der Menschenrechte. Grundlagen eines weltweiten Freiheitsethos.* Darmstadt: Wissenschaftliche Buchgesellschaft.

Bielefeldt, Heiner. 2001. *Auslaufmodell Menschenwürde? Warum sie in Frage steht und warum wir sie verteidigen müssen.* Freiburg i. Br.: Herder.

Bielefeldt, Heiner. 2003. „Westliche" versus „islamische" Menschenrechte? Zur Kritik an kulturalistischen Vereinnahmungen der Menschenrechtsidee. In *Facetten islamischer Welten. Geschlechterordnung, Frauen- und Menschenrechte in der Diskussion*, hrsg. von Ute Gerhard, Mechthild Jansen und Mechthild Rumpf, 123-142. Bielefeld: transcript.

Bielefeldt, Heiner. 2008. *Menschenwürde. Der Grund der Menschenrechte.* Berlin: Deutsches Institut für Menschenrechte.

Bonhoeffer, Dietrich. 1992. *Ethik*, hrsg. von Ilse Tödt, Heinz Eduard Tödt, Ernst Feil und Clifford Green. München: Christian Kaiser Verlag.

Böckenförde, Ernst-Wolfgang. 1976. *Staat, Gesellschaft, Freiheit. Studien zur Staatstheorie und zum Verfassungsrecht.* Berlin: Suhrkamp.

Bünker, Michael. 2011. Gesetz und Evangelium – Die Evangelische Kirche und die Menschenrechte. In *Weltethos und Recht*, hrsg. von Anton Pelinka, 207-216. Berlin: Lit Verlag.

Cicero. 1996. *De officiis*, hrsg. von Heinz Gunermann. Bamberg: Buchner.

Enzyklika Immortale Dei vom 1. November 1885. 1973. In *Päpstliche Verlautbarungen zu Staat und Gesellschaft. Originaldokumente mit deutscher Übersetzung*, Ecclesia Catholica. Papa, hrsg. von Helmut Schnatz. Darmstadt: Wissenschaftliche Buchgesellschaft.

EKD. 1975. Die Menschenrechte im Ökumenischen Gespräch. Ein Beitrag der Kammer für öffentliche Verantwortung vom 26. September 1975. *epd-Dokumentation* Nr. 44a vom 13. Oktober 1975.

Evangelischer Pressedienst (Hrsg.). 1975. Die Welt wartet auf die Verwirklichung der Menschenrechte. *epd-Dokumentation* Nr. 5 vom 20. Januar 1975.

Gogarten, Friedrich. 1932. *Politische Ethik: Versuch einer Grundlegung.* Jena: Eugen Diederichs.

Hilpert, Konrad. 1991. *Die Menschenrechte. Geschichte, Theologie, Aktualität.* Düsseldorf: Patmos-Verlag.
Hilpert, Konrad. 1999. Christliche Wurzeln der Menschenrechte. In *Germanica, Jahrbuch für deutschlandkundliche Studien 6*, 83-98. Sofia: Alja Verlag.
Hilpert, Konrad. 2001. *Menschenrechte und Theologie. Forschungsbeiträge zur ethischen Dimension der Menschenrechte.* Bd. 1. Freiburg i. Br.: Herder.
Hilpert, Konrad. 2005. Die Menschenrechte – ein christliches Erbe? In *Menschenrechte und europäische Identität. Die antiken Grundlagen*, hrsg. von Klaus Martin Girardet und Ulrich Nortmann, 147-160. Stuttgart: Steiner.
Hilpert, Konrad. 2016. *Theologie und Menschenrechte. Forschungsbeiträge zur ethischen Dimension der Menschenrechte.* Bd. 2. Freiburg i. Br.: Herder.
Hilpert, Konrad. 2018. *Ethik der Menschenrechte. Zwischen Rhetorik und Verwirklichung.* Paderborn: Ferdinand Schöningh.
Honecker, Martin. 1975. Recht oder ethische Forderung – Aporien in der Menschenrechtsdiskussion. *Evangelische Kommentare* 8: 737-740.
Honecker, Martin. 1978. *Das Recht des Menschen. Einführung in die evangelische Sozialethik.* Gütersloh: Gütersloher Verlagshaus.
Honecker, Martin. 2016. Menschenrechte/Menschenwürde (ethisch). In *Evangelisches Sozialexikon*, hrsg. von Jörg Hübner, Johannes Eurich, Martin Honecker, Traugott Jähnichen, Margareta Kulessa und Günter Renz, 1001-1013. 9. Aufl. Stuttgart: Kohlhammer.
Huber, Wolfgang. 1992. Menschenrechte/Menschenwürde. In *Theologische Realenzyklopädie*, Bd. 22, hrsg. von Gerhard Müller, 577-602. Berlin: De Gruyter.
Huber, Wolfgang. 1993. *Die tägliche Gewalt. Gegen den Ausverkauf der Menschenwürde.* Freiburg i. Br.: Herder.
Huber, Wolfgang und Heinz Eduard Tödt. 1977. *Menschenrechte. Perspektiven einer menschlichen Welt.* Stuttgart: Kreuz Verlag.
Joas, Hans. 2011. *Die Sakralität der Person. Eine neue Genealogie der Menschenrechte.* Berlin: Suhrkamp.
Johannes XXIII. 1963. Enzyklika *Pacem in Terris*. Rom: Vatikan.
Kant, Immanuel. 1974 [1795]. Zum ewigen Frieden. Werke in sechs Bänden, Band VI, hrsg. von Wilhelm Weischedel. Darmstadt: Wissenschaftliche Buchgesellschaft.

Lohmann, Friedrich. 2010. Universale Menschenrechte – partikulare Moral. Eine protestantische Sicht. In *Universelle Menschenrechte und partikulare Moral*, hrsg. von Gerhardt Ernst und Stephan Sellmaier, 149-170. Stuttgart: Kohlhammer.

Moltmann, Jürgen. 1971. *Menschenwürde, Recht und Freiheit*. Stuttgart: Kreuz-Verlag.

Moltmann, Jürgen. 1972. Wer vertritt die Zukunft des Menschen? Fragen zur theologischen Basis der Menschenrechte. *Evangelische Kommentare* 5: 399-402.

Moltmann, Jürgen. 1976a. Theologische Erklärung zu den Menschenrechten. In *Gottes Recht und Menschenrechte*, hrsg. von Jan M. Lochman und Jürgen Moltmann, 44-60. Neukirchen-Vluyn: Neukirchener Verlagshaus.

Moltmann, Jürgen. 1976b. Welches Recht hat das Ebenbild Gottes? Erklärung des Reformierten Weltbundes zu den Menschenrechten. *Evangelische Kommentare* 9: 280-282.

Pascal, Blaise. 1962. *Pensées*, hrsg. von Jacques Chevalier. Paris: Le Livre de Poche.

Päpstliche Kommission Iustitia et Pax (Hrsg.). 1976. *Die Kirche und die Menschenrechte. Ein Arbeitspapier der Päpstlichen Kommission Iustitia et Pax*. München.

Rawls, John. 1993. *Political Liberalism*. New York: Columbia University Press.

Reformierter Weltbund. 1976. Die theologische Basis der Menschenrechte. *epd-Dokumentation* Nr. 15 vom 5. April 1976, 3-9.

Rendtorff, Trutz. 1987. Menschenrechte als Bürgerrechte. Protestantische Aspekte ihrer Begründung. In *Menschenrechte und Menschenwürde. Historische Voraussetzungen – säkulare Gestalt – christliches Verständnis,* hrsg. von Ernst-Wolfgang Böckenförde und Robert Spaemann, 93-118. Stuttgart: Klett-Cotta.

Rendtorff, Trutz. 2009. Religionsfreiheit – Krise des Christentums? Zum grundrechtlichen Status der Menschenrechte in christentumstheoretischer Perspektive. In *Theologische Ethik der Gegenwart. Ein Überblick über zentrale Ansätze und Themen*, hrsg. von Friederike Nüssel, 207-225. Tübingen: Mohr Siebeck.

Reuter, Hans-Richard. 1996. Menschenrechte zwischen Universalismus und Relativismus. Eine Problemanzeige. *Zeitschrift für Evangelische Ethik* 40 (2): 135-147.

Reuter, Hans-Richard (Hrsg.). 1999. *Ethik der Menschenrechte. Zum Streit um die Universalität einer Idee*. Bd. 1. Tübingen: Mohr Siebeck.
Rogak, Lisa und Julie Schwietert Collazo (Hrsg.). 2013. *So denkt Papst Franziskus: 300 Zitate des Heiligen Vaters zu den Themen unserer Zeit*. Plassen Verlag: Kulmbach.
Sander, Hans-Joachim. 1999. *Macht in der Ohnmacht. Eine Theologie der Menschenrechte*. Freiburg i. Br.: Herder.
Sander, Hans-Joachim. 2004. Macht im Zeichen der Opfer. Die Gottesspur der Menschenrechte. In *Menschenrechte. Gesellschaftspolitische und theologische Reflexionen in europäischer Perspektive*, hrsg. von Thomas Eggensperger, Ulrich Engel und Frano Prcela, 75-101. Münster: Lit.
Schliesser, Christine. 2014. „The first theological-ethical doctrine of basic human rights developed by a twentieth-century German Protestant theologian" – Dietrich Bonhoeffer and Human Rights. In *A Spoke in the Wheel. Reconsidering the Political in the Theology of Dietrich Bonhoeffer*, hrsg. von Kirsten Busch Nielsen, Ralf K. Wüstenberg und Jens Zimmermann, 369-384. Gütersloh: Gütersloher Verlagshaus.
Schockenhoff, Eberhard. 1996. *Naturrecht und Menschenwürde. Universale Ethik in einer geschichtlichen Welt*. Mainz: Matthias-Grünewald-Verlag.
Schockenhoff, Eberhard. 2008. Stärken und innere Grenzen. Wie leistungsfähig sind naturrechtliche Ansätze in der Ethik? *Herder Korrespondenzen* 62 (5): 236–241.
Vögele, Wolfgang. 1994. *Zivilreligion in der Bundesrepublik Deutschland*. Gütersloh: Gütersloher Verlagshaus.
Vögele, Wolfgang. 2000. *Menschenwürde zwischen Recht und Theologie. Begründungen von Menschenrechten in der Perspektive öffentlicher Theologie*. Gütersloh: Gütersloher Verlagshaus.
Williams, Raffi. 2016. Trump: Human rights in world have gone in reverse under Obama, Clinton. http://circa.com/politics/election-2016/trump-human-rights-in-world-have-gone-in-reverse-under-obama-clinton. Zugegriffen: 30. Oktober 2017.

Gerechter Frieden und Menschenrechte
Entwurf einer Theologie der Menschenrechte in friedensethischer Absicht

Friedrich Lohmann

1 Einleitung: Der Menschenrechtsgedanke und die christliche Friedensethik – ein nicht ganz klares Verhältnis

Warum eine Konsultation zur Theologie der Menschenrechte innerhalb des Projekts „Orientierungswissen zum gerechten Frieden"? Der Gedanke, sich im Rahmen dieses Projekts – genauer: in der Arbeitsgruppe „Gerechter Friede durch Recht?" – mit den Menschenrechten zu befassen, entstand aus einer doppelten Beobachtung. Zum einen sind die Menschenrechte seit den 1940er-Jahren (Eckel 2014) zu einer ethischen, juristischen und politischen Leitkategorie aufgestiegen, auch und gerade im Blick auf Entscheidungen über Krieg und Frieden, was eine besondere friedensethische Betrachtung rechtfertigt, ja notwendig macht. Zum anderen besteht in Kirche und christlicher Theologie Klärungsbedarf, ob und wie den Menschenrechten kategoriale Bedeutung in der friedensethischen Urteilsbildung zukommt. Dies gilt gerade auch für das Leitbild des gerechten Friedens.

1.1 Menschenrechte als emergierende Leitkategorie bei Entscheidungen über Krieg und Frieden

Die allgemeine Geschichte des Menschenrechtsgedankens und seines Aufstiegs zu einer weltpolitischen „Primärinstitution" (Stetter 2013, S. 225f.) sowie zu „Fundament" und „Querschnittsaufgabe" deutscher Politik (Auswärtiges Amt o. J., S. 1,20) kann und muss an dieser Stelle nicht nacherzählt werden. Das Interesse gilt allein der Relevanz eines theoretischen und/oder praktischen Rekurses auf die Menschenrechte im Kontext von politischem Konflikt und Friedensverantwortung. Und hier lässt sich in den letzten Jahrzehnten eine dem allgemeinen Aufstieg vergleichbare Entwicklung beobachten. Nicht dass die Menschenrechte oder entsprechende humanitäre Überlegungen der traditionellen Theorie von Krieg und Frieden gänzlich unbekannt gewesen wären. Die Bibel überliefert in Deuteronomium 20 ein Programm zur Kriegsführung, das Maßnahmen zum Schutz der angegriffenen Zivilbevölkerung enthält, die man durchaus unter „Recht des Gegners" subsumieren kann (Otto 1999, S. 101); der Perserkönig Kyros I. ließ verwundete Gefangene wie die eigenen Leute behandeln (Dreist 2014, S. 163); Thomas von Aquin spricht sich ansatzweise für Interventionen aus humanitären Gründen aus (vgl. Beestermöller 2012); bei Hugo Grotius findet sich eine Überlegung, die auf eine Schutzverantwortung der Menschheitsgemeinschaft hinausläuft (Walter 2015, S. 199); ebenso setzt er sich für die Verschonung der „unschuldigen" Zivilbevölkerung während eines Krieges ein (May 2007, S. 105); im 19. Jahrhundert gab es hier und da Regierungen, die sich für militärische Interventionen zugunsten unterdrückter – in der Regel christlicher – Minderheiten entschieden (Eckel 2014, S. 38ff.).

Solche Erwägungen und politische Entscheidungen blieben jedoch in der traditionellen Lehre vom gerechten Krieg oder gar im Konzept des freien Kriegsführungsrechts souveräner Staaten, wie es die Westfälische Ordnung dominierte, Randphänomene. Auch von einer kontinuierlichen Entwicklung im Sinne einer allmählichen ethisch-politisch-juristischen Relevanzzunahme des „globalen Humanitarismus" (Stamatov 2013) kann man nicht sprechen. Die UN-Charta mit ihrem grundlegenden Bekenntnis zu den Menschenrechten als Leitinstanz politischen Handelns, und zwar gerade in friedensbefördernder Absicht (Merrills/Robertson 2001, S. 2)[1], stellt eine Zäsur dar, die aber zu Zeiten des Kalten Kriegs ein bloßes Lippenbekenntnis blieb. Dies gilt auch, sofern es um humanitär begründete militärische Interventionen geht, die nach einem „deutlichen Bruch" zu Beginn des 20. Jahrhunderts (Eckel 2014, S. 41) und von einigen Ausnahmen in den Jahren 1945-1989 abgesehen (vgl. Ziolkowski 2008, S. 146ff.)[2] erst nach dem Ende des Kalten Kriegs, nun aber stärker als je zuvor, auf die politische Agenda gelangten. Zeitgleich kam es – und auch das ist eine aus der Perspektive der Friedens- und Konfliktethik eminent relevante Entwicklung – zu verstärkten, nicht zuletzt menschenrechtlich ausgerichteten politischen Bemühungen um Konfliktprävention und Friedenssicherung, wie sie sich auf der Ebene der UN etwa in Boutros Boutros-Ghalis „Agenda for Peace" und in der Gründung

---

1 Dieser ursprünglichen Intention entsprechend ist der zweite Absatz der Präambel der Charta heute ein entscheidendes Argument der Befürworter des Konzepts der Schutzverantwortung, insofern nämlich das Konzept bereits in der Charta und ihrem grundlegenden Bekenntnis zu den Menschenrechten angelegt sei.

2 Ziolkowski (2008, S. 124ff.) ordnet solche humanitären Interventionen zusammen mit nationalen Befreiungskriegen und pro-demokratischen Interventionen der Oberkategorie „Menschenrechtskriege" zu und findet für diese einiges mehr an Beispielfällen in den Jahren 1945-1989. Betrachtet man jedoch nur die Fälle, in denen tatsächlich humanitäre Erwägungen im Vordergrund standen, dann reduziert sich der Bestand erheblich.

des *Department of Peacekeeping Operations* (DPKO) 1992 widerspiegeln. Nach der ersten Generation von UN-Friedenseinsätzen, die seit der ersten Mission der UNEF (United Nations Emergency Force) 1956 primär militärisch ausgerichtet waren, sollte in einem umfassenden Neuansatz und in durchaus selbstkritischer Reflexion der bisherigen Operationen ein stärkerer Schwerpunkt auf zivile Aspekte des *Peacekeeping*, nicht zuletzt *Human Rights* und *Economic Rehabilitation*, gelegt werden (Ratner 1997, S. 218). In der „Agenda for Peace", die der Gründung des DPKO vorausging, wird der Respekt der Menschenrechte als erster Faktor der geforderten Arbeit an Konfliktursachen benannt:

> „The sources of conflict and war are pervasive and deep. To reach them will require our utmost effort to enhance respect for human rights and fundamental freedoms, to promote sustainable economic and social development for wider prosperity, to alleviate distress and to curtail the existence and use of massively destructive weapons" (United Nations Secretary-General 1992, Pkt. 5).

Im Blick auf das spätere Konzept der *Responsibility to Protect* ist es interessant, dass schon in der „Agenda for Peace" der Gedanke einer absoluten staatlichen Souveränität bestritten wird:

> „The foundation-stone of this work is and must remain the State. Respect for its fundamental sovereignty and integrity are crucial to any common international progress. The time of absolute and exclusive sovereignty, however, has passed; its theory was never matched by reality" (United Nations Secretary-General 1992, Pkt. 17).

Während für die Weiterentwicklung des *Peacekeeping*-Gedankens der Einfluss friedensethischer Überlegungen evident ist und keiner weiteren Erläuterung bedarf, erscheint es wichtig darauf hinzuweisen, dass auch die Zunahme menschenrechtlicher Erwägungen bei der Entscheidung für oder gegen eine militärische Intervention ethische Hintergründe hat, die neben den allgemeinen politischen Entwicklungen nach 1989 durchaus von Bedeutung sind. In einem Satz zusammengefasst: Die traditionelle Lehre vom gerechten Krieg orientiert sich seit der zweiten Hälfte des 20. Jahrhunderts zunehmend am Menschenrechtsgedanken. Was zuvor in der Kriteriologie für einen ethisch verantwortbaren Einsatz militärischer Gewaltmittel nur sporadisch zur Geltung kam, wurde nun zu einem Leitkriterium.

Vorbereitet ist dieser Paradigmenwechsel in dem für die Renaissance der Lehre vom gerechten Krieg bahnbrechenden Buch „Just and Unjust Wars", das der US-amerikanische Philosoph Michael Walzer 1977 veröffentlichte (Walzer 2006 [1977]), nicht zufällig zu einem Zeitpunkt, zu dem der Menschenrechtsgedanke im Zusammenhang der Frage nach moralischer Verantwortung auch in der Politik seinen eigentlichen Siegeszug antrat (vgl. Moyn 2010). Nach Walzers eigener Aussage sind seine Überlegungen ein Reflex der US-amerikanischen Kriegsverbrechen an Zivilisten im Vietnamkrieg (Walzer 2004b [2002]), und im Buch vertritt er die These, dass eine inhumane Kriegsführung – etwa in Form der Belagerung und Aushungerung der gegnerischen Zivilbevölkerung – einen grundsätzlich gerechtfertigten militärischen Gewalteinsatz zu einem „ungerechten" Krieg machen kann (Walzer 2006 [1977], S. 125ff.). Walzer hat diese Überlegungen in einer Form generalisiert, die die Verbindung zum Menschenrechtsgedanken deutlich, wenn auch unausgesprochen vor Augen stellt: „[…] it is (almost) the whole of our duty to uphold the rights of the innocent" (Walzer 2004a [1988], S. 50).

Walzer bringt den Menschenrechtsgedanken nur eingeschränkt und nicht in letzter Konsequenz zur Geltung (Orend 2000), und seine Theorie gerechter Kriegsführung ist inzwischen, etwa im sogenannten „revisionist approach" der Lehre vom gerechten

Krieg, kritisch in eine noch stärkere Berücksichtigung individueller Rechte und Pflichten – nun auch der einzelnen Soldaten – weiter entwickelt worden (Koch 2009; May 2007; McMahan 2009). Aber von Walzers Theorie her führt auch ein Weg zur ethischen Legitimierung, ja Forderung militärischer humanitärer Interventionen auf der Basis des Menschenrechtsgedankens, und im Bericht der *International Commission on Intervention and State Sovereignty* (ICISS), der die Grundlage der Konzeption der *Responsibility to Protect* darstellt, ist der Paradigmenwechsel innerhalb der Lehre vom gerechten Krieg vollendet, indem das traditionelle Kriterium des gerechten Grundes nun von gravierenden Menschenrechtsverletzungen aus verstanden und zusätzlich als „Schwellenkriterium" in seiner Relevanz hervorgehoben wird (ICISS 2001, S. 32ff.). Die gegenwärtig in der philosophischen und theologischen Ethik, aber auch in der breiteren Öffentlichkeit geführten Debatten um die „Gerechtigkeit" militärischer Einsätze orientieren sich stets an der Menschenrechtsfrage, so kontrovers sie auch geführt werden (stellvertretend: vgl. Chomsky 2000; Hinsch und Janssen 2006).

Dies gilt auch für das *ius in bello*. Der Schutz von Zivilisten hat in der langen kriegerischen Geschichte der Menschheit nur selten eine Rolle gespielt (Foote und Williams 2018; Lovell und Primoratz 2012; Neitzel und Hohrath 2008). Das Humanitäre Völkerrecht kann demgegenüber seit seinen Anfängen im 19. Jahrhundert als Instrument angesehen werden, den Menschenrechtsgedanken auch während bewaffneter Konflikte zur Geltung zu bringen – sei es hinsichtlich einer gegnerischen Zivilbevölkerung, sei es gegenüber kämpfenden, verwundeten oder gefangenen Kombattanten. Die Genfer Konventionen von 1949 und ihre Zusatzprotokolle sowie die seit 1967/68 (vgl. Giacca 2014, S. 3) beschlossenen UN-Erklärungen zum Thema Menschenrechtsschutz während bewaffneter Konflikte dokumentieren den Fortschritt auf diesem Weg in der zweiten Hälfte des 20. Jahrhunderts. Der *War on*

Terror hat viele dieser völkerrechtlichen Errungenschaften auf dem Altar vermeintlicher realpolitischer Interessen geopfert (vgl. Reuter 2012). Gerade deshalb sind aber die aktuellen Stimmen aus Rechtswissenschaft und Ethik umso bedeutsamer, die eine noch stärkere Berücksichtigung menschenrechtlicher Standards im bewaffneten Konflikt, auch dem asymmetrischen, einklagen, bis hin zur Forderung einer neuen Genfer Konvention (vgl. Dehn 2016; Khan 2015; Orend 2016; vgl. auch Rowe 2006, allerdings mit rechtspositivistischer Ausrichtung; mit besonderem Blick auf die wirtschaftlich-sozial-kulturellen Rechte: Giacca 2014 und die dort S. 7 Anm. 20 angegebene Literatur). Dem entspricht die öffentliche Forderung einer Neubewertung von Kriegshandlungen in der Geschichte, etwa der Flächenbombardierung deutscher Städte im Zweiten Weltkrieg, deren ethische Verurteilung seinerzeit nur vereinzelt geschah (vgl. Chandler 1993; Ford 1992 [1944]), heute aber als Menschenrechts- und Kriegsverbrechen weitgehende ethische *opinio communis* ist. Eine Kriegsführung, die die gegnerische Zivilbevölkerung gezielt angreift, ist nahezu undenkbar geworden. Zivile Opfer werden militärisch als „Kollateralopfer" nur noch in Kauf genommen (vgl. Gillner und Stümke 2014) und auch diese Doktrin muss sich, etwa wenn sie als „zero casualty warfare" die Verluste eigener Soldaten über mögliche Opfer der gegnerischen Zivilbevölkerung stellt – zu denken ist an eine Strategie der „airstrikes" aus großer Höhe oder Angriffe mittels unbemannter Flugkörper –, kritische ethische Fragen gefallen lassen (Rogers 2000). Die Tatsache, dass die Kriegsverbrechen der jüngeren Zeit, etwa auf dem Balkan oder in Ruanda, mehrheitlich von „irregulären Einheiten" (Ignatieff 2000, S. 167) verübt wurden, ist, so wenig das den Opfern hilft, ein weiterer Beleg für den Vormarsch des Menschenrechtsgedankens in Fragen der Kriegsführung, nämlich als Indiz dafür, dass reguläre Armeen sich von solchen Verbrechen im Urteil der Weltöffentlichkeit freihalten wollen.

Und schließlich ist in diesem Zusammenhang die in der jüngeren Zeit mehr und mehr erhobene Forderung zu erwähnen, die ethisch-rechtlichen Überlegungen um den gerechten Frieden um ein *ius post bellum* zu erweitern. Schon die dahinter stehende Frage – „how to move from armed conflict to a durable peace" (Kleffner 2008, S. 1) – zeigt die gegenüber der traditionellen Lehre vom gerechten Krieg veränderte Perspektive. Während traditionell auf der Basis eines retributiven Gerechtigkeitsverständnisses die Aufgabe eines gerechten Kriegs mit der Beseitigung der als gerechter Grund geltend gemachten gegnerischen *iniuria* und der Bestrafung des Feindes beendet war – exemplarisch ist die im negativen Sinn berühmt gewordene „Mission Accomplished Speech" von George W. Bush am 01. Mai 2003 –, integriert die Perspektive des *ius post bellum* den Wiederaufbau nach Ende der eigentlichen Kampfhandlungen in die moralisch geforderten Handlungen. Dabei geht es um Wohlordnung, gerade auch im Interesse der gegnerischen Zivilbevölkerung und über gängige Freund-Feind-Schemata hinaus (vgl. Allman und Winright 2010, S. 15). Daran zeigt sich, dass der Grundimpuls eines menschenrechtlichen Universalismus für die Forderung nach einem *ius post bellum* maßgeblich ist. Darüber hinaus gibt es auch Ansätze, die Menschenrechte ganz konkret bei der Implementierung der Nach-Konflikt-Ordnung ins Zentrum zu rücken (vgl. Little 2006; Wilde 2008).

Zusammengefasst: Der Schutz und das Wohlergehen der Zivilbevölkerung im Zusammenhang des Menschenrechtsdenkens ist zum entscheidenden Faktor der Beurteilung sowohl bezüglich des *ius ad bellum* als auch des *ius in bello* und des *ius post bellum* geworden. Das Kriterium der „menschengerechtlichen Gerechtigkeit" ist in der ethischen Theoriedebatte des gerechten Kriegs an die erste Stelle gerückt, auch wenn andere Gerechtigkeitsverständnisse weiterhin vertreten werden (vgl. Lohmann 2017). Politisch rezipiert ist dieser Paradigmenwechsel am eindrucksvollsten im ICISS Report. Die Überlegungen zu Interventionen als äußerstem Mittel der *Responsibility to React* im Falle gravierender Menschenrechtsverletzungen werden von der ICISS eingebettet in ebenfalls an den Menschenrechten orientierte Maßnahmen im Rahmen der *Responsibility to Prevent* und der *Responsibility to Rebuild*. Nationale und internationale Normen des Menschenrechtsschutzes werden im Bericht als Meilensteine auf dem Weg zu einer Kultur des Friedens gewürdigt (vgl. ICISS 2001, S. 14). Aufgrund dieses umfassenden Rahmens ist es bedauerlich, wenn der ICISS Report immer wieder allein von seinen Ausführungen zu humanitären militärischen Interventionen her rezipiert wird. Gleichwohl gilt es festzuhalten, dass er eben auch diese – die genannten Fortschreibungen in der philosophischen Theorie des gerechten Kriegs aufgreifend und sie zugleich befruchtend – unter das generelle Paradigma Menschenrechtsschutz stellt und so als besonders aussagekräftiger Beleg für die umfassend gewachsene Relevanz der Menschenrechte als Leitkategorie gegenwärtigen politischen Handelns dienen kann, gerade auch im Blick auf die sowohl präventive, reaktive und nachsorgende Bearbeitung von gewaltträchtigen gesellschaftlichen Konfliktlagen.

1.2 Die unklare kategoriale Stellung der Menschenrechte in kirchlichen Dokumenten zum gerechten Frieden

Kirche und christliche Theologie hatten über Jahrhunderte ein ambivalentes, ja, weitgehend kritisches Verhältnis zum Menschenrechtsgedanken (vgl. Brüning und van der Zweerde 2012; Kunter 2010; Uertz 2005). Die positive Wendung, die dieses Verhältnis in den letzten Jahrzehnten genommen hat, spiegelt sich auch in der christlichen Friedensethik. Der Wechsel vom Leitbild des gerechten Kriegs zum Leitbild des gerechten Friedens, den viele Kirchen vollzogen haben, lässt sich nicht zuletzt als Anerkennungsprozess der kriteriologischen Relevanz des Menschenrechtsgedankens auch für Fragen von Krieg und Frieden deuten: Der gerechte Frieden setzt gerechte Lebensumstände voraus und diese sind maßgeblich durch die Gewährleistung der Menschenrechte gekennzeichnet. Das Wort der deutschen römisch-katholischen Bischöfe „Gerechter Friede", in dem das neue friedensethische Leitbild im Jahr 2000 erstmals programmatisch ausgeführt wird, kommt dementsprechend an zentraler Stelle auf die Menschenrechte zu sprechen: „Sie benennen die Bedingungen, die erfüllt sein müssen, damit jemand menschenwürdig leben kann" (Die deutschen Bischöfe 2000, S. 44). Darin sind sie unmittelbar relevant für ein Zusammenleben in Frieden.

> „Das Leitbild des gerechten Friedens beruht auf einer letzten Endes ganz einfachen Einsicht: Eine Welt, in der den meisten Menschen vorenthalten wird, was ein menschenwürdiges Leben ausmacht, ist nicht zukunftsfähig. Sie steckt auch dann voller Gewalt, wenn es keinen Krieg gibt" (Die deutschen Bischöfe 2000, S. 35).

Auch der Gedanke einer menschenrechtlich begründeten humanitären Intervention kommt im Bischofswort zur Geltung: Im Ausnahmefall und unter strengen Bedingungen halten es die Bischöfe für gerechtfertigt, „den schutzlosen Opfern schwerwiegender und systematischer Verletzung der Menschenrechte innerhalb eines Staates durch eine gewaltsame Intervention zu Hilfe zu kommen" (Die deutschen Bischöfe 2000, S. 85).

In der 2007 erschienenen Friedensdenkschrift der Evangelischen Kirche in Deutschland (EKD) spielt der Menschenrechtsgedanke ebenfalls eine wichtige Rolle. Im Kapitel „Gerechter Friede durch Recht" wird auf die „menschenrechtliche Dimension einer globalen Friedensordnung" (EKD 2007, Ziff. 90) verwiesen. Die Menschenrechte werden als „Konkretisierung" der „politische[n]

Gerechtigkeit, an der sich eine Weltfriedensordnung als Rechtsordnung orientieren muss" (EKD 2007, Ziff. 88), kategorial zur Geltung gebracht. Zudem begegnen sie im Unterkapitel über die „Grenzen rechtserhaltenden militärischen Gewaltgebrauchs" (EKD 2007, Ziff. 104). Eine „Ausnahme vom Prinzip der militärischen Nicht-Intervention" (EKD 2007, Ziff. 111) sei dann gegeben, wenn ein Staat „nicht einmal seine primäre Funktion (nämlich die des Lebensschutzes der Bevölkerung und der Aufrechterhaltung eines minimalen Rechtszustands) erfüllt" (EKD 2007, Ziff. 111). Die Denkschrift geht so weit, „bei Völkermord oder anderen gravierenden Menschenrechtsverletzungen, wenn nationale Gerichte versagen", sogar eine „Notwendigkeit zum Handeln" zu statuieren (EKD 2007, Ziff. 116). Das ist verbunden mit einer Kritik am weltpolitischen Status quo: „Den UN-Menschenrechtskonventionen, der Konvention gegen den Völkermord und der Konzeption einer internationalen Schutzverantwortung (*Responsibility to Protect*) ist die Staatengemeinschaft bisher nur äußerst unzureichend gerecht geworden" (EKD 2007, Ziff. 18).

Trotz dieser klaren Worte kann jedoch konstatiert werden, dass die Menschenrechte in der EKD-Denkschrift von 2007 zwar eine wichtige, aber keine zentrale Rolle einnehmen. Das Unterkapitel „Anforderungen an eine globale Friedensordnung als Rechtsordnung", dem die Bemerkung zu den Menschenrechten als Konkretisierung der politischen Gerechtigkeit entstammt, ist in vier Abschnitte unterteilt, die den vier unmittelbar zuvor formulierten „Dimensionen des gerechten Friedens" (EKD 2007, Ziff. 78ff.) entsprechen: Schutz vor Gewalt, Förderung der Freiheit, Abbau von Not, Anerkennung kultureller Verschiedenheit. Der Abschnitt zu den Menschenrechten korrespondiert in dieser Architektur der Freiheitsdimension und tatsächlich findet sich im entsprechenden Absatz, der die Dimension „Förderung der Freiheit" näher erläutert, auch eine Bemerkung zu den Menschenrechten: „Eine der rechtsstaatlichen Ordnung des einzelnen Staats analoge Befolgung der Herrschaft des Rechts in den internationalen Beziehungen muss die Garantie der Menschenrechte einschließen" (EKD 2007, Ziff. 82). In der Beschreibung der drei anderen Dimensionen des gerechten Friedens erwähnt die Denkschrift den Menschenrechtsgedanken hingegen nicht, obwohl dies naheliegen würde und durchaus Anhalt im folgenden Abschnitt hätte, denn dort wird auf das Recht auf Entwicklung (EKD 2007, Ziff. 95) und auf kulturelle Freiheit als „grundlegendes Menschenrecht" (EKD 2007, Ziff. 97) hingewiesen. Besonders auffällig ist, dass im Schlussabsatz der gesamten Schrift die zuvor statuierte kategoriale Bedeutung der Menschenrechte keine Berücksichtigung findet. Stattdessen werden die Konzepte der „Menschlichen Sicherheit" und der „Menschlichen Entwicklung" als „Prüfkriterien auch für friedenspolitische Stimmigkeit und Folgenabschätzung in verschiedenen Politikfeldern" hervorgehoben (EKD 2007, Ziff. 197). Wenn es dort zudem heißt, „[o]hne Beachtung der Sicherheitsbedürfnisse der Menschen jenseits der Konfliktlinien hat Friedenspolitik keine Basis" (EKD 2007, Ziff. 197), ohne mögliche – und sehr reale! – Kollisionen dieser Bedürfnisse mit dem Menschenrechtsschutz anzusprechen, so verstärkt sich der Eindruck der argumentativen Unabgeschlossenheit der Denkschrift gerade im Hinblick auf den friedensethischen Stellenwert der Menschenrechte. Auch bleibt offen, in welchem gedanklichen Zusammenhang die vier Dimensionen stehen, die die Denkschrift als Kennzeichen eines gerechten Friedens formuliert, und inwiefern sie, wie behauptet, der „biblische[n] Sicht" (EKD 2007, Ziff. 80) des Friedens entsprechen. Am weitesten führt hier beim Versuch einer Rekonstruktion des Gedankengangs eine Formulierung, in der ansatzweise die vier Dimensionen erkennbar sind und allesamt als Aspekte der „Achtung der Menschenwürde" genannt werden:

> „Die Achtung der Menschenwürde verlangt darum über die Respektierung des Rechts auf Leben hinaus jedenfalls den Schutz

jedes Menschen vor willkürlicher Ungleichbehandlung und Diskriminierung [Dimension 1: Schutz vor Gewalt, Anm. d. Verf.], die Achtung seiner Subjektstellung [Dimension 2: Förderung der Freiheit, Anm. d. Verf.], die Gewährleistung des materiellen und sozialen Existenzminimums [Dimension 3: Abbau von Not, Anm. d. Verf.] sowie die Ermöglichung des Aufbaus selbstbestimmter Lebensformen [Dimension 4: Anerkennung kultureller Verschiedenheit, Anm. d. Verf.], die immer auch Chancen der Teilhabe am gesellschaftlichen Leben eröffnen sollen" (EKD 2007, Ziff. 79).

Auch die evangelische Friedensdenkschrift hätte demnach ihr argumentatives Zentrum im Gedanken der Menschenwürde – eine Interpretationshypothese, die durch mehrere andere ihrer Formulierungen gestützt wird. So heißt es an hervorgehobener Stelle, am Ende der Einleitung: „Orientiert an der Würde des Menschen sind die konkreten Schritte auf dem Weg zu gerechtem Frieden an den tatsächlichen Lebensbedingungen der einzelnen Menschen auszurichten" (EKD 2007, Ziff. 7). Diese programmatische Forderung wird im Text der Denkschrift jedoch nicht schlüssig umgesetzt.

Das römisch-katholische Bischofswort wirkt demgegenüber argumentativ deutlich stringenter, indem es von vornherein und explizit den Gedanken der Menschenwürde ins Zentrum rückt und die Menschenrechte, wie oben zitiert, als deren Konkretisierung versteht. Allerdings bleibt diese programmatische Begründungsaussage beim Blick auf „Gerechter Friede" als Gesamttext merkwürdig leer, da der Menschenrechtsgedanke in den konkretisierenden Teilen des Bischofsworts zwar immer wieder auftaucht, aber keine tragende Rolle spielt. Dies dürfte nicht zuletzt mit einer argumentativen Unklarheit zusammenhängen, die die Bischöfe selbst einräumen:

„Eine christliche Menschenrechtsbegründung wird allerdings nicht nur aus dem Wesen und der Würde des Menschen heraus argumentieren, sondern vor allem von der Berufung aller Menschen zur Teilnahme am Reich Gottes her. Niemand, den Gott selbst zur

Gemeinschaft seiner Liebe führen möchte, darf, auch wenn er dahin noch unterwegs ist, unterdrückt oder in seinen Möglichkeiten gemindert werden" (Die deutschen Bischöfe 2000, S. 46).

Offenbar nehmen die Bischöfe eine Spannung zwischen dem Gedanken der Menschenwürde und der Forderung nach zwischenmenschlicher Solidarität wahr, wie sie mit dem christlich verstandenen Menschenrechtsgedanken in Verbindung gebracht wird, und zwar eine so starke Spannung, dass sie die zuvor postulierte friedensethische Zentralstellung der Menschenwürde wieder in Frage stellen, kaum dass sie ausgesprochen wurde. In der Tat war die theologische Begründung der Menschenwürde im Bischofswort angesichts der behaupteten zentralen Relevanz überraschend blass geblieben, indem allein der Gedanke der Gottebenbildlichkeit als theologischer Anknüpfungspunkt für die spezifische Würde des Menschen zur Geltung gebracht wurde:

> „Nach christlichem Verständnis ist der Mensch als Gottes Ebenbild geschaffen und als das Gegenüber Gottes mit einer einzigartigen und unveräußerlichen Würde ausgezeichnet. Er ist dazu berufen, als vernunftbegabtes und verantwortliches Wesen in Beziehung zu Gott, zu den Mitmenschen und zu allen Geschöpfen zu leben" (Die deutschen Bischöfe 2000, S. 34f.).

Die Bischöfe folgen hier einer langen theologischen Tradition, die aber nicht in der Bibel, sondern erst in der Alten Kirche begründet wurde, als die christliche Theologie versuchte, den antik-stoischen Gedanken der Vernunftwürde des Menschen mit der biblischen Schöpfungserzählung mehr schlecht als recht zu vermitteln (vgl. Volp 2006). Die latente Spannung zwischen einer elitären Vernunftbegabung und der schlichten Güte des Geschaffenseins – gerade in seiner Abhängigkeit und Verletzlichkeit – als alternativen Würdeprädikaten (vgl. Baranzke 2002; Kohl 2013; zur Ambivalenz der *imago Dei*-Vorstellung vgl. Waldron 2010) prägt, nachdem in Mittelalter und Reformation die schlicht qua Schöpfung gegebene, von spezifischen Qualitäten unabhängige Würde (wieder-)entdeckt worden war[3], den Würdediskurs bis heute. Dies findet sich sowohl bei Kant und seinen philosophischen Nachfolgern als auch in der römisch-katholischen Ethik, die sich zumal in der Bioethik daran abarbeitet, das angestammte Verständnis von Menschenwürde als gottebenbildliche Vernunftbegabung mit der Solidarität gegenüber denen zu versöhnen, die am Beginn und Ende des Lebens diese Begabung aktuell noch nicht oder nicht mehr besitzen.

Als Eingeständnis dieser latenten, letztlich unauflöslichen Spannung ist, so die hier vertretene These, auch der zitierte Satz aus dem Bischofswort „Gerechter Friede" zu lesen. Er spiegelt den Grundzwiespalt im Verständnis des Menschen wider, wie er seit den biblischen Anfängen die jüdische und christliche Anthropologie bestimmt: Ein „königliches" Verständnis – der Gedanke der Gottebenbildlichkeit entstammt ursprünglich der ägyptischen Königsideologie (vgl. Ockinga 1984; Schmidt 1986, S. 202ff.) – steht einer Sicht auf den Menschen gegenüber, die ganz seine Angewiesenheit auf Gott als Schöpfer und Erlöser betont – im zitierten Ausschnitt aus dem Bischofswort angesprochen durch den Verweis auf die (ungeschuldete und von jeder Frage einer „Vernunftbegabung" unabhängige) „Berufung aller Menschen zur Teilnahme am Reich Gottes" (Die deutschen Bischöfe 2000, S. 34f.). In Psalm 8 wird dieser Zwiespalt von stolzem Selbststand und demütiger Angewiesenheit des Menschen auf Gott exemplarisch ausgesprochen:

---

3   Luther formuliert: „Ich bin wirdig gewest, das mich Gott mein schoepffer aus nichts geschaffen hat, in meiner mutter leib gebildet" (Luther 1914 [1540?], S. 456, 8f.). Von einer Vernunftbegabung als Kennzeichen der Würdigkeit ist hier nicht die Rede, vgl. Lohmann 2002, S. 224f.

„Wenn ich sehe die Himmel, deiner Finger Werk, den Mond und die Sterne, die du bereitet hast: was ist der Mensch, dass du seiner gedenkst, und des Menschen Kind, dass du dich seiner annimmst? Du hast ihn wenig niedriger gemacht als Gott, mit Ehre und Herrlichkeit hast du ihn gekrönt. Du hast ihn zum Herrn gemacht über deiner Hände Werk, alles hast du unter seine Füße getan: Schafe und Rinder allzumal, dazu auch die wilden Tiere, die Vögel unter dem Himmel und die Fische im Meer und alles, was die Meere durchzieht" (Ps 8,4ff.).[4]

Nicht nur der theologische Diskurs über Menschenwürde, sondern auch der über die Menschenrechte setzt diese Spannung von zwei eigentlich unvereinbaren Menschenbildern – meist unausgesprochen – voraus. Ein entscheidender Grund für die lang anhaltende Ablehnung des Menschenrechtsgedankens durch Kirche und Theologie besteht in seinem „herrschaftlichen" Verständnis: Die Menschenrechte wurden und werden in dieser Sicht als Ausdruck der menschlichen Emanzipation, nicht zuletzt von Gott, und damit als Exponenten sündiger Hybris gedeutet. Wenn die Bischöfe in „Gerechter Friede" eine christliche Menschenrechtsbegründung postulieren, die demgegenüber bei der Verletzlichkeit von Menschen und dem daraus folgenden menschlichen Bedürfnis nach göttlicher und zwischenmenschlicher Solidarität ansetzt, so unterstellen sie ein ganz anderes Verständnis des Menschen und seiner Rechte, das gegen eine solche theologische Menschenrechtskritik gefeit ist, aber zugleich in der Tat dem zuvor statuierten Verständnis der Menschenwürde von der Vernunftbegabung her widerstreitet.

Offensichtlich ist das Verhältnis zwischen Menschenwürde und Menschenrechten viel weniger klar, als die Rede von der Zentralstellung des Menschenwürdegedankens suggeriert, die von beiden kirchlichen Programmschriften zum „Gerechten Frieden" vertreten

---

4   Alle Bibelzitate in diesem Text entstammen der revidierten Luther-Übersetzung von 2017.

wird – katholischerseits ganz ausdrücklich, in der evangelischen Denkschrift eher implizit und in Konkurrenz zu anderen friedensethischen Kriteriologien. Nicht zuletzt an dieser argumentativen Unklarheit dürfte es liegen, wenn beide Programmschriften letztlich nur halbherzig auf den Menschenrechtsgedanken rekurrieren. Dies ist bedauerlich aus mindestens drei Gründen: Erstens zieht eine Unklarheit in der ethischen Begründung automatisch eine Unklarheit im ethischen Urteil nach sich; zweitens wird so die argumentative Plausibilitätschance verspielt, die der friedensethische Rekurs auf den Menschenrechtsgedanken angesichts von dessen Aufstieg zur normativen Leitkategorie der globalen (Nach-)Moderne bieten könnte; und drittens wird der Frage, ob und wie sich aus dem Menschenrechtsgedanken, wenn er unter christlich-theologischen Vorzeichen interpretiert wird, spezifische friedensethische Folgerungen ergeben könnten, nicht weiter nachgegangen. Die folgenden Ausführungen sind demgemäß als Sondierungsbemühungen zu verstehen, die sich aus der Kombination der eingangs formulierten und nunmehr näher beschriebenen Beobachtungen 1 und 2 ergeben.

2 Gibt es ein spezifisch christliches Menschenrechtskonzept?

2.1 Vorbemerkungen

Im Folgenden soll die Frage gestellt werden, ob sich aus der Sicht auf den Menschen, wie sie die christliche Theologie und insbesondere die biblische Überlieferung prägt, ein charakteristisches Verständnis der Menschenrechte ergibt. Dabei sind vier Dinge vorausgesetzt.

1. „Die" Menschenrechte begegnen uns, wenn in Politik und Gesellschaft von ihnen die Rede ist, nicht in einer dogmatisch festgezurrten Form. Es gibt einen Diskurs über Menschenrechte, der von Zeit zu Zeit in einer solennen Menschenrechts- oder Grundrechtserklärung fixiert wird. Solche Erklärungen sind stets nur Momentaufnahmen des fortgesetzten Diskurses, in dem durchaus konträre Vorstellungen von dem, was Menschenrechte sind, zur Geltung kommen. Und allzu oft sind diese unterschiedlichen Verständnisse der Menschenrechte in den Menschenrechtsdokumenten noch gut sichtbar – sie sind Kompromissformeln. Das lässt sich gerade an der viel gerühmten Allgemeinen Erklärung der Menschenrechte (AEMR) von 1948 zeigen, die das Ergebnis einer durchaus langen und zähen Ausschussarbeit ist, bei der zum Beispiel die Frage nach den wirtschaftlich-sozial-kulturellen Menschenrechten (WSK-Rechte) – ob überhaupt und wie von ihnen die Rede sein sollte – bis zum Schluss strittig blieb (vgl. Glendon 2001; Morsink 1999). Dabei ging es auch um politische Interessen zu Beginn der Blockkonfrontation des Kalten Kriegs und auch um die beginnende Emanzipation des globalen Südens, verkörpert in den lateinamerikanischen Staaten, die sich für eine starke Berücksichtigung sozialer Rechte einsetzten (vgl. Morsink 1999, S. 130ff.). Aber der Streit, der um so viele Formulierungen der AEMR geführt wurde, war mehr als nur ein politischer: Im Hintergrund standen unterschiedliche Verständnisse des Menschen und daraus folgende verschiedene Menschenrechtsverständnisse. Am Beispiel der bereits genannten WSK-Rechte: Ob und wie man ihnen eine Rolle im Menschenrechtsdiskurs beimisst, hängt maßgeblich davon ab, ob man davon ausgeht, dass der Mensch für ein gelingendes Leben auf soziale Unterstützung angewiesen ist oder nicht. Oder die andere Frage: Darf, ja, muss in einer Menschenrechtserklärung von Pflichten oder

Verantwortlichkeiten die Rede sein? Auch hier stehen hinter der Debatte unterschiedliche Verständnisse des Menschen und dessen, was als seine Rechte – oder eben auch Pflichten – festgeschrieben werden soll. Menschenrechtskonzeptionen spiegeln Menschenbilder wider. Hier wie generell in der Ethik geht es im tiefsten Grunde um eine normativ verstandene Anthropologie zum Zwecke der Lebensorientierung (vgl. Lohmann 2007). Und genau in diesem Sinne soll hier nach einem spezifisch christlichen Menschenrechtsverständnis gefragt werden.

2. Es geht dabei um keinen Überbietungsanspruch im Sinne eines möglicherweise „besseren" Menschenrechtsverständnisses. Ob ein Menschenbild als plausibel, zutreffend, ja, vielleicht sogar als vorzugswürdig wahrgenommen wird, kann niemals vorab dekretiert werden. Es muss sich im Diskurs und in der Praxis als solches erweisen, und zwar letztlich für jede und jeden ganz individuell, im Abgleich mit den ganz eigenen Intuitionen, Erfahrungen und Einsichten. Insofern stellt das Folgende nicht mehr und nicht weniger als einen Vorschlag dar, einen Beitrag zur permanent laufenden Menschenrechtsreflexion, und zwar einen Beitrag, der versucht, Aussagen aus dem Traditionsbestand des Juden- und Christentums fruchtbar in diese Reflexion einzubringen. Es geht, mit Heiner Bielefeldt gesprochen, um eine „religiöse Würdigung ohne Vereinnahmung" (Bielefeldt 2013, S. 55).

3. Dieser Vorschlag zielt zunächst auf die Binnenperspektive derjenigen Diskursteilnehmer, die sich als christlich verstehen. Denn auch innerchristlich ist es keineswegs von vornherein ausgemacht, wie denn der Mensch und seine Rechte zu verstehen sind – ich habe ja oben bereits eine unterschwellige Spannung benannt, die den christlichen Diskurs über den Menschen von den Anfängen theologischer Theoriebildung an begleitet. Über diesen Binnendiskurs hinaus ist dann aber auch der allgemeine

Menschenrechtsdiskurs im Blick der folgenden Ausführungen. Denn auch dieses allgemeine Nachdenken über die Menschenrechte ist auf Reflexion angewiesen, die nicht anders als aus einer spezifischen Sicht erfolgen kann – sei es zum Beispiel die eines evolutionären Humanismus, des Konfuzianismus oder eben des Christentums und seiner über die Jahrtausende gewachsenen Überlieferungen, wie ich sie – in ganz persönlicher Auslegung – den folgenden Ausführungen zugrunde lege.

4. Der Begriff „spezifisch" ist dabei nicht exkludierend zu verstehen. Es wäre schlimm, wenn ein Menschenrechtsverständnis auf der Basis christlich geprägten Nachdenkens über den Menschen keine Schnittmengen zu anderen Konzeptionen enthalten würde. Gleichwohl legt die christliche Theologie ihren Reflexionen andere Überlieferungsbestände zugrunde als andere Weltanschauungen und gewichtet sie am Maßstab des Lebenszeugnisses Jesu Christi – und das ist ein spezifischer Zugang. Die „Einbindung in einen übergreifenden Sinnzusammenhang" (Hilpert 1991, S. 200), wie ihn das christliche Verständnis von Mensch, Gesellschaft und Welt inklusive der entsprechenden Ziel- und Handlungsorientierung darstellt – das Christentum mit seiner langen Reflexions- und Praxisgeschichte repräsentiert zweifellos eine *Comprehensive Doctrine* im Sinne von John Rawls –, ist dabei insofern von Bedeutung, als sie einen argumentativen Kontext zur Verfügung stellt, von dem her einem rein assoziativen oder populistisch motivierten Zugriff *à la carte* auf die Menschenrechte gewehrt werden und deren eigener Sinnzusammenhang plausibel gemacht werden kann (wobei, wie gesagt, der christliche Horizont lange nicht der einzige ist, vor dem solche Plausibilitäts- und Begründungsansprüche gerechtfertigt werden können).

2.2 Altes Testament

Nach diesen Vorbemerkungen nun zum eigentlichen Thema dieses Abschnitts, der Frage nach einem spezifisch christlichen Konzept der Menschenrechte. Angesichts der lang anhaltenden Kritik am Menschenrechtsgedanken in den wichtigsten christlichen Konfessionen mag diese Frage überraschen. Über Jahrzehnte wurde der Menschenrechtsgedanke in Kirchen und Theologie kritisch beäugt und noch in dem für eine positive Rezeption des Menschenrechtsgedankens in der christlichen Theologie plädierenden Buch von Wolfgang Huber und Heinz Eduard Tödt, das 1977 erstmals erschien und zumindest im deutschen Protestantismus bahnbrechend wurde für eine theologische Hinwendung zu den Menschenrechten, wird einleitend darauf hingewiesen, dass sie zu den Themen gehören, „die nicht innertheologischen Ursprungs und doch von theologischer Relevanz sind" (Huber und Tödt 1988, S. 11).

In den vergangenen Jahrzehnten ist dieses zurückhaltende Urteil jedoch mehr und mehr in Frage gestellt worden. Nachdem bezüglich der protestantischen Freikirchen schon seit Ernst Troeltsch und Georg Jellinek (1919) auf ihren entscheidenden Anteil an der Heraufkunft der neuzeitlichen Menschenrechtsidee hingewiesen worden war, liegen inzwischen zahlreiche Beiträge vor, die einen solchen Einfluss auch für einzelne Exponenten des Mainstream-Protestantismus und des Katholizismus behaupten, und zwar sowohl für die bis heute bestimmend nachwirkende Phase in den 1940er-Jahren (Slotte 2015; Vögele 1999) wie auch für deren Vorgeschichte (stellvertretend: Anselm 2008; Gillner 1998; Lohmann 2010a; Ritschl 1986; Witte 2007). Zudem wurde durch das Aufzeigen von menschenrechtlich geprägtem Denken und Handeln in der biblischen Überlieferung der *auch* theologische Ursprung des Menschenrechtsgedankens nachgewiesen, was als Widerlegung der oben zitierten These von Huber und

Tödt angesehen werden kann (Brumlik 1999; Crüsemann 1993a; Newlands 2006; Otto 2001). Der als theologischer Parteigänger unverdächtige Jurist Fabian Wittreck fasst diese Entwicklungen folgendermaßen zusammen: „Das offizielle Christentum hat die modernen Menschenrechte lange geradezu erbittert bekämpft und erst spät erkannt, daß seine heiligen Schriften sehr wohl die Grundlage für eine eigene christliche Theologie der Menschenrechte bilden" (Wittreck 2013, S. 39).

Für die Frage nach der Spezifizität dieses ursprünglichen Rechtsdenkens möchte ich im Folgenden von zwei alttestamentlichen Stellen ausgehen, die meiner Beobachtung nach im entsprechenden Diskurs nur wenig oder überhaupt nicht herangezogen werden. Beide verwenden im hebräischen Urtext das Wort *mischpat* (Recht) und damit einen ausdrücklich juristischen Term.

> „Wehe den Schriftgelehrten, die unrechte Gesetze machen, und den Schreibern, die unrechtes Urteil schreiben, um die Sache der Armen zu beugen und Gewalt zu üben am Recht der Elenden in meinem Volk, dass die Witwen ihr Raub und die Waisen ihre Beute werden!" (Jes 10,1f.).

Mit dem *mischpat* der Elenden wird hier ein Rechtsanspruch zur Geltung gebracht, der gegenüber dem Streben der gesellschaftlichen Eliten nach Vorteilsnahme das gottgewollte Subsistenzrecht der von Rechtsbeugung und Ausbeutung – im wörtlichen Sinn, denn das entsprechende hebräische Wort begegnet sonst nur im militärischen Kontext als Kriegsbeute (vgl. Beuken 2003, S. 268) – Bedrohten zur Geltung bringt. Mit den Armen, den Witwen und den Waisen werden die „Elenden" als Personengruppen konkretisiert, die in der damaligen, patriarchal geprägten Gesellschaft am stärksten auf Schutz durch das Recht angewiesen waren: *personae miserae* (Beuken 2003, S. 268). Der Bezug auf diese Kategorie der *personae miserae* und die Rede von deren ausdrücklichem Recht

Gerechter Frieden und Menschenrechte

verbindet diesen Weheruf aus der prophetischen Überlieferung Israels mit einer Passage aus dem weisheitlichen Hiobbuch, das üblicherweise unter der Frage nach menschlichem Leid und göttlicher Gerechtigkeit, nicht aber als ethische Schrift gelesen wird. Das mag der Grund sein, warum Hiobs Aussage über den *mischpat* seines Knechtes und seiner Magd in den entsprechenden Abhandlungen zu den Wurzeln des Menschenrechtsgedankens bisher nicht auftaucht, obwohl der Bezug aus bibelwissenschaftlicher Sicht klar zu Tage tritt:

> „Das Recht der Sklavin und des Sklaven ist *Menschenrecht*. Denn der Freie wie die SklavInnen sind von Gott erschaffen. Diese Aussage kann als ethische Konsequenz aus der biblischen Schöpfungsgeschichte verstanden werden. [...] Die Unteilbarkeit der Menschenrechte basiert, wie in V. 15 formuliert ist, auf der Unteilbarkeit Gottes" (Ebach 1996, S. 86, Hervorhebung im Original).

Die Aussage Hiobs ist als Frage formuliert und entstammt seinem sogenannten Reinigungseid, mit dem der leidende Gerechte seine sittliche Unschuld beschwören will:

> „Hab ich missachtet das Recht meines Knechts oder meiner Magd, wenn sie eine Sache wider mich hatten, was wollte ich tun, wenn Gott sich erhebt, und was würde ich antworten, wenn er heimsucht? Hat nicht auch ihn erschaffen, der mich im Mutterleibe schuf, hat nicht der Eine uns im Mutterschoß bereitet?" (Hiob 31,13ff.).

Gottes strafendes Handeln wäre berechtigt, wenn der reiche Hiob sich über Rechtsansprüche seiner Diener und Dienerinnen hinweggesetzt hätte. Das zeigt, welch starke Geltung Hiob diesen Ansprüchen zumisst. Im unmittelbaren Kontext der Textstelle wird der entsprechende Personenkreis noch um die Armen sowie die Witwen und Waisen erweitert. Es geht also auch hier um die *personae miserae* (Opel 2010, S. 110). Das Besondere an dieser

Stelle ist jedoch die „schöpfungstheologische Begründung" (Opel 2010, S. 113) dieser Rechtsansprüche. Während bei Jesaja eine einschränkende Deutung auf die Elenden im eigenen Volk – und damit eine Begründung der Solidaritätsforderung allein aus der gemeinsamen Volkszugehörigkeit – nicht per se ausgeschlossen werden kann, öffnet sich bei Hiob der Horizont auf *alle* Menschen, denn sie alle hat „der Eine im Mutterschoß bereitet", noch vor der Erwählung eines bestimmten Volkes. Aus der Gleichheit des Ursprungs im Schöpferwillen Gottes ergibt sich eine fundamentale Gleichwürdigkeit, die allen gesellschaftlichen Hierarchiebildungen voraus liegt und vor-rechtlicher Maßstab der Rechtsordnung ist.

Entsprechend universalistische Aussagen finden sich auch an anderen Stellen des Alten Testaments, nicht nur wenn den Fremdvölkern vom israelischen Propheten Amos Verbrechen gegen die Menschlichkeit vorgeworfen werden (vgl. Brumlik 1999), sondern auch gerade da, wo „das Programm geschwisterlichen Ethos im Deuteronomium" (Otto 2001, S. 145) die in Israel beziehungsweise Juda lebenden „Fremden" in die rechtlichen Schutzansprüche einbezog, bis hin zur „Forderung nach völliger Rechtsgleichheit" in Leviticus 24,22 (Crüsemann 1993b, S. 242). Auch die Immigrierten sind *personae miserae* und ihnen wird ebenso ein Anspruch auf Rechte zugesprochen, mit dem sie vor willkürlicher und ungerechter Behandlung geschützt werden. Diese Gewährung von Schutz für die Schwachen und seine Begründung nicht aus bloßem Wohlwollen, sondern schöpfungstheologisch aus dem allen Menschen – unabhängig von sozialem Rang oder ethnischer Herkunft – gemeinsamen Ursprung in Gott ist der Kern alttestamentlichen Sozialrechts. Es ist kein Widerspruch zu diesem Schöpfungs-Universalismus, wenn in der kollektiven Selbstdeutung Israels die Befreiung aus dem „Sklavenhaus Ägypten" (z. B. Dtn 5,6) und die folgende Exoduserfahrung als in einer besonderen Erwählung Gottes gegründet interpretiert werden. Wichtig ist vielmehr, dass auch in dieser

Deutung der Akzent auf den Schutzbedürftigen und Entrechteten liegt – nun verkörpert durch das ganze Volk Israel. Wenn Gott sich in diesem Zusammenhang selbst als Befreier geradezu definiert (Ex 20,2f.), dann zeigt das die Relevanz, die im Glauben Israels dem Exodusgeschehen weit über das kontingente Ereignis hinaus gegeben wird (Kirchenamt der EKD und Sekretariat der DBK 1997, S. 46). Befreiung meint hier zunächst einmal den Ausbruch aus dem Zustand der Rechtlosigkeit und des Ausgebeutetwerdens. Auf dieser Basis gibt es eine Identität des Schicksals mit den nach der Ansiedlung Israels im Land Kanaan dorthin gekommenen Fremden. Aus dem eigenen Schicksal konstruiert das alte Israel eine Solidarität mit den neuen Fremden, die im alttestamentlichen Recht argumentativ zur Geltung gebracht wird (z. B. Lev 19,34), dabei aber immer die grundsätzliche Gemeinschaft des Menschseins voraussetzt. Dass in diesem Zusammenhang erfahrenes Unrecht und erlebte Befreiung im Kontext Israels seit alten Zeiten immer wieder erzählt und erinnert werden – nicht nur in der Pessach-Liturgie –, liefert Impulse nicht nur für eine Theologie der politischen Befreiung (z. B. Gutiérrez 1992) und eine feministische Befreiungstheologie (z. B. Sölle 1990), die ihren eigenen Einsatz für Rechte von unterdrückten Personengruppen in den Befreiungserzählungen des Alten Testaments vorgespiegelt sehen, sondern auch für eine heutige allgemeine Menschenrechts*theorie*, die die Bedeutung von Narrativen des Unrechts für den Aufstieg des Menschenrechtsgedankens hervorhebt (Hunt 2007; Joas 2011), und für eine Menschenrechts*praxis*, die die Transformationskraft des *Storytelling* mehr und mehr entdeckt (Schaffer und Smith 2004; dazu schon Ritschl und Jones 1976; zum generellen Forschungsdesiderat einer stärkeren Berücksichtigung von Menschenrechtsgruppen in der Sozialen Bewegungsforschung vgl. Hewitt 2017, S. 46).

Neben dieser Ethik einer schöpfungstheologisch und historisch begründeten egalitären Solidarität liefern die Texte des Alten

Testaments noch einen zweiten Baustein für menschenrechtliches Denken: In der prophetischen Überlieferung, und zwar im Buch des Propheten Ezechiel, wird, wie der Philosoph Hermann Cohen in seiner „Religion aus den Quellen des Judentums" formuliert hat, gegenüber dem Gedanken einer Kollektivschuld „das Individuum entdeckt" (Cohen 1988 [1919], S. 214). Cohen bezieht sich dabei auf das 18. Kapitel des Ezechiel-Buchs, in dem gegen den Gedanken einer Übertragung der Schuld und damit auch der Strafe von einer Generation auf die nächste die individuelle Tatverantwortlichkeit gelehrt wird:

> „Doch ihr sagt: ,Warum soll denn ein Sohn nicht die Schuld seines Vaters tragen?' Weil der Sohn Recht und Gerechtigkeit geübt und alle meine Gesetze gehalten und danach getan hat, soll er am Leben bleiben. Denn nur wer sündigt, der soll sterben. Der Sohn soll nicht tragen die Schuld des Vaters, und der Vater soll nicht tragen die Schuld des Sohnes, sondern die Gerechtigkeit des Gerechten soll ihm allein zugutekommen, und die Ungerechtigkeit des Ungerechten soll auf ihm allein liegen" (Ez 18,19f.).

Eine solche „Entdeckung" ist die Voraussetzung des Menschenrechtsgedankens, da mit den Menschenrechten ja gerade auch Rechte gegenüber dem Kollektiv gemeint sind, die die Vorstellung eines zwar nicht atomistischen (vgl. Taylor 1985), wohl aber eines gegenüber sozialen Bindungen unabhängigen Individuums voraussetzen, mit einer ihm eigenen Würde, die, wie Cohen eigens hervorhebt, von Ezechiel gerade in den Entdeckungszusammenhang von Schuld und damit zusammengehöriger Eigenverantwortlichkeit gerückt wird:

> „Denn das Ich ist es, welches vom einseitigen soziologischen Gesichtspunkte ausgeschaltet wird. Das Selbstbewußtsein des Individuums muß zurückgedrängt werden, wenn die soziale Milieukraft in das rechte Licht gebracht werden soll. Damit aber

fällt die Hauptsache fort, welche den Menschenwert, welche die Menschenwürde ausmacht. Und wenn nun nicht ohne die negative Bedingung die Menschenwürde hergestellt werden kann, so muß daher das Ich selbst, als das Individuum sündigen, und die Sünde kann nicht abgewälzt werden auf die soziale Mehrheit" (Cohen 1988 [1919], S. 210).

2.3 Neues Testament

Im Blick auf diesen Prozess der ethischen Individualisierung führen die Schriften des Neuen Testaments die bei Ezechiel sichtbare Entwicklung fort. Der Individualisierung entspricht dabei – als analoges Ergebnis der Loslösung aus gegebenen sozialen Bindungen – eine stärker betonte Universalisierung des Menschenbilds und damit auch der ethischen Konzeption. Es ist innerhalb der jüdischen Philosophie umstritten, inwiefern die Ethik des *Tanach* allein auf Israel oder auf die gesamte Menschheit bezogen ist, ob wir es in ihr also mit einem ethischen Partikularismus oder einem ethischen Universalismus zu tun haben. Der bereits genannte Hermann Cohen hat sich emphatisch für eine universalistische Lesart ausgesprochen (vgl. Lohmann 2012). Ihm widerspricht aktuell David Novak (2017, bes. S. 156), während Michael Walzer eine vermittelnde Position einnimmt (Walzer 2001). In Bezug auf eine eventuelle besondere Affinität der jüdischen Ethik zum Universalismus ist auch die historische Tatsache interessant, dass das internationale Völkerrecht mit der ihm eigenen universalen Dimension in der ersten Hälfte des 20. Jahrhunderts gerade von jüdischen oder jüdisch-stämmigen Juristen vorangetrieben wurde. Reut Yael Paz hat der spannenden Frage, ob dieses Phänomen mit einem Einfluss der spezifisch jüdischen religiösen Tradition auf diese Rechtsdenker in Zusammenhang steht, ihre Dissertation gewidmet. Das Ergebnis der Untersuchung zwingt zu einer nuancierten Antwort: Zwar gab es einen Einfluss des spezifisch jüdischen Gedankens, die Verbindung zwischen Gott und Mensch rechtsförmig zu denken und insofern dem Recht besondere Bedeutung beizumessen; das gehäufte Interesse am internationalen Recht lässt sich aber eher kontingent erklären, als Ausweichversuch gegenüber der Tendenz der damaligen deutschen Jurisprudenz, das völkische Recht in den Vordergrund zu rücken (vgl. insbesondere Paz 2013, S. 354). Etwas weiter kommt man in dieser Frage möglicherweise, wenn man die frühkindliche Erziehung einbezieht. Jedenfalls für Rafael Lemkin (Sands 2016, S. 44f.) und Hersch Lauterpacht (Koskenniemi 2001, S. 369) liegen biographische Berichte vor, die einen frühen und prägenden Einfluss jüdischer Gerechtigkeitsvorstellungen vermuten lassen.

Die inner-jüdische Deutungsdifferenz hinsichtlich des Universalismus ergibt sich aus unterschiedlichen Antworten auf die Frage, ob das partikular offenbarte Sinai-Gesetz und der damit in Zusammenhang stehende Erwählungsgedanke auf alle Menschen ausgerichtet ist oder nicht. Dieser Frage sah sich laut den neutestamentlichen Evangelien auch der historische Jesus ausgesetzt und es wurde emblematisch für die gesamte Christentumsgeschichte, dass er sich in der Begegnung mit einer nicht-jüdischen Frau – eine besondere Pointe, denn mit dem Frausein war im damaligen sozialen Kontext der Status weitgehender Rechtlosigkeit verknüpft – zu einer universalen Deutung von Gottes Erwählungswillen durchringt (Mk 7,24-30). Solche Episoden und Worte aus dem Leben Jesu stehen im Hintergrund, wenn Adolf von Harnack in seinen berühmt gewordenen Vorlesungen zum „Wesen des Christentums" in Jesus den Gedanken von einer all umfassenden Menschheit und vom unendlichen „Wert jeder einzelnen Menschenseele" zum Durchbruch gekommen sieht (Harnack 2012 [1900], S. 46).

Der zum Christen gewordene Paulus setzt diese jesuanische Sicht des Menschen voraus, wenn er – auch gegen Widerstände in der

Urchristenheit – das alttestamentliche Gesetz für in Jesus Christus in seiner Heilsbedeutung überwunden und zugleich jenseits jeglicher partikularen Zugehörigkeit in seinem eigentlichen Sinn der umfassenden Lebensorientierung bestätigt ansah. Paulus ist daher vom Philosophen Alain Badiou als eigentlicher Begründer des ethischen Universalismus gefeiert worden (Badiou 2009; vgl. Bohn 2018). Und wie bei Cohen beziehungsweise Ezechiel ist auch bei Paulus die individuelle Verantwortlichkeit die Kehrseite des Abschieds vom Partikularen: „Denn wir müssen alle offenbar werden vor dem Richterstuhl Christi, auf dass ein jeder empfange nach dem, was er getan hat im Leib, es sei gut oder böse" (2Kor 5,10).

Mit dieser für alle Menschen gleichen Verantwortlichkeit vor Gott und Jesus Christus verbindet sich für Paulus die Aufhebung der ethischen Relevanz sozialer Gruppenzugehörigkeiten. Paulus spricht das besonders in einem Satz aus, der seit der zweiten Hälfte des 20. Jahrhunderts zum maßgeblichen biblischen Bezugspunkt von christlich motivierten Gleichstellungsbewegungen auf der Basis des universalen Menschenrechtsgedankens avanciert ist: „Hier ist nicht Jude noch Grieche, hier ist nicht Sklave noch Freier, hier ist nicht Mann noch Frau; denn ihr seid allesamt einer in Christus Jesus" (Gal 3,28).

Das Neue Testament enthält, auch in den eher individualethisch ausgerichteten Paulusbriefen, nur wenige lehrhafte oder gar in Rechtsnormen gefasste Aussagen zur Sozialethik. Es entfaltet aber, indem es die Botschaft und das Lebenszeugnis Jesu von Nazareth zum Paradigma christlicher Existenz erhebt, eine implizite Sozialethik, die uns nach der Betrachtung des jesuanischen und paulinischen Individualismus beziehungsweise Universalismus zum zweiten im Blick auf die Menschenrechte entscheidenden Bestandteil alttestamentlichen Denkens zurückführt: die Solidarität mit den *personae miserae*. In Jesu Predigt vom Weltgericht am Ende der Zeiten wird das Verhalten ihnen gegenüber zum entscheidenden Kriterium für das Bestehen vor Gottes abschließendem Urteil erhoben:

> „Denn ich bin hungrig gewesen und ihr habt mir zu essen gegeben. Ich bin durstig gewesen und ihr habt mir zu trinken gegeben. Ich bin ein Fremder gewesen und ihr habt mich aufgenommen. Ich bin nackt gewesen und ihr habt mich gekleidet. Ich bin krank gewesen und ihr habt mich besucht. Ich bin im Gefängnis gewesen und ihr seid zu mir gekommen" (Mt 25,35f.).

Solchen Beispielen aus der Lehre Jesu kann sein Lebenszeugnis zur Seite gestellt werden, das Jesus an der Seite der Randständigen und Entrechteten seiner Gesellschaft und als Kritiker der religiösen und sozialen Eliten darstellt (vgl. Carter 2000; Swidler 1974). Die urchristliche Theologie hat seinen „Fluchtod" am Kreuz (Gal 3,13) und „draußen vor dem Tor" (Heb 13,12) als unüberbietbares Zeichen der Solidarität Gottes mit der Menschheit gedeutet, und zwar gerade in Gestalt der *personae miserae*. Im urchristlichen Hymnus, der im Philipperbrief 2,6-11 überliefert wird, wird das Christusgeschehen als ultimative Zuwendung Gottes zu den Menschen gedeutet, was Paulus zum Anlass nimmt, die Gemeinde in Philippi zu einer Haltung der Liebe, der Achtung und des Respekts vor den anderen Menschen nach dem Vorbild Christi aufzurufen (Phil 2,1-5).

2.4 Ausblick auf die Christentumsgeschichte

Kirchliches Lehren und Handeln hat auf dieser Basis von Beginn an der *caritas* großen Wert beigemessen. Für unseren Kontext wichtig ist es, dass spätestens ab dem Mittelalter diese Haltung mit der Rede von subjektiven Rechten verknüpft wurde, die den *personae miserae* unauslöschlich zukommen (vgl. Porter 2005,

S. 342ff., im Anschluss an Tierney 1997). Auf diese Weise wurden sie aus Objekten der Barmherzigkeit – dies die kritische Lesart des *caritas*-Modells – zu eigenständigen Rechtssubjekten. Es war daher folgerichtig, wenn im Genf Johannes Calvins – keineswegs nur der Ort sozial-rückständiger Einschüchterung und Disziplinierung, als den es seine Kritiker erscheinen lassen (vgl. Reinhardt 2009) – im Jahre 1535 sieben karitative Einrichtungen zum *Hôpital général* zusammengefasst wurden und die Armenfürsorge aus der kirchlichen in die öffentliche Verantwortlichkeit überging. Dies ist nur eines der Beispiele, wie gerade im reformierten Protestantismus schon sehr früh, auch institutionell, mit Rechtsansprüchen, die sich aus dem christlichen Menschenbild ergeben, Ernst gemacht wurde – Witte (2007) spricht in seinem einschlägigen Buch von einer „reformation of rights". Dahinter steht Calvins ausdrücklicher Rückbezug auf die prophetische Überlieferung des Alten Testaments, in der die Könige des alten Israel und Juda auf ihre Verantwortung für die *personae miserae* angesprochen wurden, und zwar als Forderung der Gerechtigkeit – und nicht (nur) der Liebe. Calvin hat damit einen bisher wenig gesehenen, aber gleichwohl entscheidenden Beitrag gerade für die Implementierung der WSK-Rechte geliefert (vgl. Lohmann 2010b, S. 10f.).

Auch wenn Calvin an den entsprechenden Stellen direkt mit Bibelstellen argumentiert: Die Begründung der Schutzverpflichtung des Staates für *alle* seine Bürger hängt bei ihm wie bei den Kanonikern des Mittelalters mit der Solidaritätsforderung aufgrund des gemeinsamen Ursprungs in Gott zusammen. Diese Begründung steht auch im Hintergrund, wenn am Ausgang des 19. Jahrhunderts – nächste Etappe einer alternativen, ins Positive gewendeten Geschichte des Menschenrechtsgedankens im Christentum – im Rahmen der sozialen Frage die Rechte der Arbeitnehmer Thema der Lehrverkündigung der Kirche werden und nun auch der Vatikan über die ökonomischen und sozialen

Rechte eine „erste Öffnung" hin zum Menschenrechtsgedanken vollzieht (vgl. Menozzi 2018, S. 91ff.).

Auf die Beteiligung christlicher Theologen an den Debatten um eine Allgemeine Erklärung der Menschenrechte in den 1940er-Jahren wurde oben bereits hingewiesen, ebenso auf die befreiungs- und geschlechtertheologisch motivierte Hinwendung zu den Menschenrechten seit den 1960er-Jahren. An dieser Stelle soll nur noch erwähnt werden, dass die christliche Theologie – jedenfalls einige ihrer Vertreterinnen und Vertreter – auch die verstärkte Betonung, ja Wiederentdeckung der WSK-Rechte mitvollzog, wie sie in einer allgemeinen Geschichte des Menschenrechtsdenkens mit der Wiener Erklärung von 1993 und ihrem Bekenntnis zu einem umfassenden Recht auf Entwicklung verbunden ist. Besonders zutage tritt dieser Mitvollzug in der Menschenrechtsarbeit des Ökumenischen Rats der Kirchen (z. B. Klein Goldewijk und de Gaay Fortman 1999; WCC 2013), in Wortmeldungen mit Bezug auf sexuelle Rechte inner- und außerhalb der verfassten Kirchen (z. B. Auga 2017; Hartke 2018) und neuerdings in einer menschenrechtlich verankerten „Migrationsethik" (Štica 2018).

Zusammenfassend lässt sich die Frage im Titel dieses Abschnitts durchaus bejahen: Ja, es gibt ein spezifisch christliches Menschenrechtsverständnis, wenn man darunter in dem einleitend beschriebenen Sinn besondere Akzentsetzungen innerhalb der langen und breiten Geschichte des Menschenrechtsgedankens versteht. In den Schriften des Alten Israels, die das gemeinsame Erbe der jüdischen und christlichen Theologie darstellen, werden solidarische Menschenrechte schöpfungstheologisch aus dem allen Menschen gemeinsamen Ursprung in Gott und historisch aus der Befreiungserfahrung des Exodus begründet. Ein Schwerpunkt fällt dabei auf die Schutzrechte der *personae miserae*, die „Elenden", deren soziale und ökonomische Rechte von den Propheten gegen die politischen und religiösen Eliten ihrer Zeit eingeklagt werden.

Das Neue Testament verstärkt diesen Akzent durch den Verweis auf das Lebenszeugnis Jesu Christi, der ausgehend vom Glauben an den unendlichen Wert jedes einzelnen Menschen in seinem Leben über nationale und religiöse Grenzen hinweg ein solches solidarisches Ethos praktiziert hat, und durch den ethischen Universalismus des Apostels Paulus.

3 Implikationen für die menschenrechtliche Theoriedebatte

3.1 Natur versus Konvention

Im Rahmen des gegenwärtig populären sozialwissenschaftlichen Konstruktivismus wird vorgeschlagen, die Menschenrechte als pragmatischen Konsens zu interpretieren, ohne ihnen eine „angeborene" und „natürliche" Grundlage zu geben (vgl. Bonacker und Brodocz 2001). Die argumentative Aporie einer solchen Menschenrechtsbegründung, bei der die kontingenten gesellschaftlichen Zuschreibungen ihr Maß an Normen finden sollen, die selbst kontingente gesellschaftliche Zuschreibungen sind, indem das vorgeblich Natürliche zum Produkt legaler Invention erklärt wird, ist allerdings offensichtlich (vgl. Menke 2015). Es ist diese systematische Aporie, die hinter dem historischen Faktum steht, dass bisher jeder Legalismus – der Versuch, den für die Begründung von Rechten wie für jede Normbegründung notwendigen archimedischen Punkt im (internationalen) Rechtssystem selbst zu fixieren – politischem Missbrauch durch selektive Auslegung und Instrumentalisierung unterlegen ist, wie sich exemplarisch an der Geschichte der Völkermordkonvention vor und nach 1948 zeigen lässt (vgl. Pendas 2010). Unter diesem Gesichtspunkt muss auch der „strenge Legalismus" (Daase 2016, S. 34), wie er die Friedensethik der EKD seit den 1990er Jahren auszeichnet, mit der Friedensdenkschrift von 2007 und ihrem Fokus auf das (internationale) Recht als Höhepunkt, als begründungstheoretisch unzureichend kritisiert werden. Die oben skizzierte christliche Theorie subjektiver Rechte bringt demgegenüber qua göttlicher Schöpfung bestehende Rechte zur Geltung, die gesellschaftlichen Zuschreibungen unantastbar voraus liegen und von daher zur Kritik an den bestehenden gesellschaftlichen und politischen Verhältnissen, gerade dort, wo wie in der UN Recht gesetzt wird, genutzt werden können. Es handelt sich aus dieser anti-konstruktivistischen Sichtweise bei den Menschenrechten tatsächlich um „angeborene" oder „inhärente" Rechte (Donnelly 1982; Morsink 2009) und kein bloßes Produkt menschlicher Übereinkunft.

Nun sollen die Aporien auch einer solchen „natürlichen" Begründung von Rechten nicht verschwiegen werden (vgl. Lohmann 2015b). Auch der Glaube daran, dass „der Eine uns im Mutterschoß bereitet" hat, ist eben nichts mehr und nichts weniger als ein Glaube und damit als Konstrukt und als Versuch interpretierbar, sich an den eigenen Haaren aus dem Sumpf der Unmöglichkeit einer moralischen Letztbegründung zu ziehen. Und dass der Naturrechtsgedanke in Geschichte und Gegenwart immer wieder missbraucht worden ist, um gesellschaftliche Partikularinteressen oder Vorurteile durch ihre scheinbar angeborene Herleitung besonders wirksam zur Geltung zu bringen, steht außer Frage. Auf der anderen Seite gibt es aber auch eine lange Geschichte, die zeigt, wie auf der Basis des Rekurses auf die Natur des Menschen und die mit ihr gegebenen Rechtsforderungen gesellschaftliche Konventionen tatsächlich aufgebrochen wurden. Der „unendliche Wert der Menschenseele" (Harnack 2012 [1900]) oder die „Sakralität der Person" (Joas 2011) sind offenbar ohne den Preis eines argumentativen Rückbezugs auf das unbeliebig jeder gesellschaftlichen Konvention Vorausliegende nicht zu haben. Es handelt sich beim Rekurs auf die Natur in der Ethik, analog zum Rekurs auf Wahrheit in der theoretischen Weltbetrachtung, um eine *necessitas pragmatica*, der man sich besser stellen sollte, als das Kind (de-)konstruktivistisch mit dem Bade auszuschütten (Lohmann 2015a, S. 50ff.).[5] Der Glaube an den Liebeswillen Gottes als Ursprung jeden Lebens, in Judentum und Christentum gleichermaßen prägend, bringt dabei gegenüber einer philosophischen Naturrechtslehre eine grundlegende Anerkennung und „Würdigkeit"[6] zum Ausdruck, die einer Betonung der *Rechte* des Menschen besondere Plausibilität zu geben vermag.

Gerade mit dieser besonderen Zuspitzung können Kirche und Theologie einen eigenen, produktiven Beitrag in der Frage nach „natürlicher", „gesellschaftlicher" oder „legalistischer" Begründung der Menschenrechte geben.

3.2 Schutz versus Ermächtigung

Neben der Begründungsfrage ist auch der Status der Menschenrechte als Rechte ein gegenwärtig kontrovers diskutiertes Thema. Hier setzte, wie bereits erwähnt, die lang anhaltende christliche Kritik des Menschenrechtsgedankens an: Ist er nicht ein Ausdruck prometheischer Hybris, die dem Menschen zuschreiben will, was

---

5 Es ist in diesem Zusammenhang interessant zu beobachten, dass die Blockchain-Technologie, die gegenwärtig als Cutting Edge des seit Jahrtausenden laufenden Prozesses der Dematerialisierung des Wirtschaftslebens anzusehen ist, zur eindeutigen Identifizierung der Nutzerpersönlichkeiten auf individuelle Netzhautcharakteristika des Auges zurückgreift (Iris Recognition): Auch ein höchst artifizielles Verfahren des Handels wird auf diese Weise an das natürlich-biologisch Gegebene als das Unbeliebige zurückgebunden. Ich danke Bismark Sitorus für diesen Hinweis.

6 Vgl. das Luther-Zitat oben in Anm. 3.

eigentlich nur Gott zukommt? Auch philosophisch bleibt von den Menschenrechten nicht viel übrig, wenn man sie als Selbst-Ermächtigungen enttarnt (vgl. Menke 2015). Und gegenwärtige, nicht nur marxistisch inspirierte, Globalisierungs- und Neoliberalismuskritik kritisiert *auch* den Menschenrechtsgedanken, sofern er zum Ermächtigungsinstrument für Besitzanhäufung und exkludierenden Paternalismus geworden ist.[7]

Demgegenüber macht die enge Anbindung des jüdisch-christlichen Menschenrechtsdenkens an die *personae miserae* deutlich, dass die Rede von Menschenrechten keine Über-Ermächtigung von ohnehin schon autarken Individuen implizieren muss, sondern dass sie im Gegenteil auf grundlegende Schutzbedürfnisse zurückgeht, die den Status expliziter Rechte gerade benötigen, um sich überhaupt zur Geltung bringen zu können (vgl. Crüsemann 2003; Sander 1999). Deshalb ist es so wichtig und eindrucksvoll, dass in den zitierten Texten der juristische Term *mischpat* verwendet wird. Eine christliche Theologie der Caritas und Barmherzigkeit hat diesen Aspekt der eigenen Überlieferung zu lange vernachlässigt, und anstelle die Rede von expliziten Menschen*rechten* als überheblich zu kritisieren, wie das lange der Fall war, stehen Kirche und Theologie in der Verantwortung, die Dynamik einer immer

---

7 Vgl. Douzinas 2007, S. 12: „In Western postmodern societies, the phrase 'I have a right to X' is used interchangeably with the expressions 'I desire or want X' or 'X should be given to me'. This linguistic inflation weakens the association of human right claims with significant human goods and undermines their position as central principles of political and legal organisation"; Stevenson 2017, S. 11: „It is the self-satisfied narcissism of the Enlightenment and human rights that is most in need of critique". Eine interessante Fallstudie, die diese Thesen auf ihre Weise bewahrheitet, liegt vor in Heliskoski 2003: Die Studie zeigt an exemplarischen Entscheidungen des Europäischen Gerichtshofs, wie in der EU „fundamental economic freedoms" (S. 440) als „market freedoms" (S. 440) im Sinne der Besitzenden verstanden werden.

Gerechter Frieden und Menschenrechte

stärkeren Verrechtlichung der Menschenrechte (vgl. Bernstorff 2015; Bogner 2017) mitzuvollziehen. Gerade weil es sich aus christlicher Sicht – durchaus im Einklang mit anderen Verständnissen – bei den Menschenrechten um Schutz- und nicht Ermächtigungsrechte handelt, besteht die Aufgabe der Verrechtlichung, hat das Recht doch die Aufgabe, gerade diejenigen zu schützen, die ohne die Hilfe institutionalisierten Rechts ihre legitimen Ansprüche nicht durchsetzen könnten. Dass dabei auch die schon juristisch implementierten Menschenrechtsregime von dieser ihrer Basisaufgabe her ständig kritisch analysiert und fortgeschrieben werden müssen, versteht sich von selbst. Denn die Paradoxie des Rechts, dass es seine Aufgabe, die Willkür der Mächtigen durch kodifizierte Regeln zu steuern und einzuschränken, nur wahrnehmen kann, indem es selbst von machtbewehrten Institutionen durchgesetzt wird, macht sich bei den spezifisch machtkritischen Menschenrechten besonders bemerkbar. Der potentielle Machtmissbrauch auch hinsichtlich der Menschenrechte ist aber keine Fatalität, sondern kann bearbeitet werden, indem das schon rechtlich Implementierte und das weiterhin zu Implementierende permanent an den Gerechtigkeitsforderungen gemessen werden, für die die Menschenrechte stehen (Brown 2011).

Versteht man die Würde des Menschen und die mit ihr verbundenen Rechtsansprüche ausgehend von den *personae miserae*, dann bedeutet dies eine Abgrenzung von anderen theologischen oder philosophischen Menschenbildern. Der Mensch wird hier primär nicht als Freiheits- beziehungsweise Möglichkeitswesen (so Dalferth 2011) oder – das andere Extrem – Mängelwesen, sondern als Bedürfniswesen gesehen, das auf Schutz angewiesen ist. Die philosophische Aufklärung und das ihr zugrunde liegende Menschenbild kann und darf an dieser Stelle durchaus kritisiert werden (Kirchenkanzlei der EKD 1979, S. 13), obwohl darauf hinzuweisen ist, dass etwa der Anspruch auf Schutz vor Rechtsbeugung und willkürlicher Verhaftung zu den Kernbeständen der aufklärerischen Tradition der Menschenrechte gehört, die Differenz der Menschenbilder also nicht überbetont werden sollte. Als philosophischer Anknüpfungspunkt einer solchen Theorie der (Schutz-)Rechte bietet sich die Ethik von Emmanuel Lévinas an, die sich selbst eingestandenermaßen als Variante des jüdischen Humanismus versteht.[8] In Lévinas' Gedanken des nackten, verletzlichen Antlitzes, in dem mich der *Andere* anblickt, und zwar so, dass „ich für ihn verantwortlich bin, ohne daß ich diese Verantwortung überhaupt *übernehmen* müßte" (Lévinas 1992, S. 73), sind die *personae miserae* der Bibel mit ihrem ursprünglichen und unveräußerlichen Rechtsanspruch deutlich wiederzuerkennen.

Deutliche Überschneidungen bestehen auch zum Verständnis des Menschen als maßgeblich *verletzlichem* Wesen, das heißt zur Rede von Vulnerabilität als einem entscheidenden Charakteristikum des Menschen, wie sie in den letzten Jahrzehnten in Selbstdeutungen des Menschen disziplinübergreifend stark in den Vordergrund getreten ist. Im hier vorliegenden Zusammenhang besonders relevant ist die Tatsache, dass der Begriff eine immer stärkere Rolle in der Rechtsprechung des Europäischen Gerichtshofs für Menschenrechte (EGMR) spielt (Timmer 2013; vgl. auch über den EGMR hinaus die internationale Zusammenstellung entsprechender Rechtsentscheidungen in Verbindung mit verwundbaren Personengruppen in Binder et al. 2016). Eine umfassende Ideengeschichte, wie es zur Generalisierung dieses zunächst medizinisch-körperlichen Begriffs hin zu einer Grundbestimmung der *conditio humana* kam, muss noch geschrieben werden. Es ist

---

8 Im Blick auf heutige Debatten um den Monotheismus ist es interessant, dass Lévinas den Humanismus gerade mit dem strengen Monotheismus des Judentums in Verbindung bringt: „Le monothéisme est un humanisme" (Lévinas 1976, S. 383). Vgl. dazu die Bemerkung Ebachs zur Unteilbarkeit Gottes oben im Text.

jedenfalls auffällig, dass gerade weibliche Autorinnen sich vertieft mit dieser Kategorie des Menschseins beschäftigen (Bieler 2017; Fineman und Grear 2013; Springhart 2016). Eine der Quellen, aus denen sie dabei schöpfen, ist die Philosophie Hannah Arendts, die mit dem anthropologischen Grundgedanken der „Natalität" eine ausdrückliche Alternative zum Autonomiekonzept der Aufklärung entworfen hat, die gegen den Gedanken der (Selbst-)Ermächtigung das Gegebensein der Existenz stellt und dabei ausdrücklich auf das *initium* der Schöpfung rekurriert (Birmingham 2006).

3.3   Subsistenz versus Freiheitsvollzug

Sind der Mensch und seine Rechte primär von seiner Vernunftbegabung oder von seiner schlichten körperlichen Existenz her zu interpretieren? Wir haben oben bereits gesehen, wie diese unterschiedliche Schwerpunktsetzung als latente Spannung den Diskurs über die Menschenwürde bestimmt. In der Theorie der Menschenrechte ist sie präsent in der Alternative von vernunft- und bedürfnisbasierten Begründungsansätzen (Kirchschläger 2016, S. 81ff.), aber auch im ewigen Streit, wem der Primat zukommt: den bürgerlich-politischen oder den wirtschaftlich-sozial-kulturellen Rechten. Beiden geht es um die Entfaltungsmöglichkeiten menschlicher Freiheit, aber wer die WSK-Rechte betont, bringt damit zum Ausdruck, dass der menschliche Freiheitsvollzug auf das Erfülltsein bestimmter Grundbedingungen der Subsistenz angewiesen ist. Dabei sollte Subsistenz nicht im Sinne des bloßen Überlebens verstanden werden (Giacca 2014, S. 31), sondern mit dem Inter-Amerikanischen Menschenrechtsgerichtshof als materielles Minimum für ein Leben in Würde (Pasqualucci 2008; vgl. schon Dürig 1956, S. 131). Weise Stimmen warnen davor, beide Gruppen von Menschenrechten gegeneinander auszuspielen, und betonen stattdessen, ausgehend von dem gemeinsamen Rückbezug auf ein Leben in Würde, deren Unteilbarkeit. Offenbar besteht ein wechselseitiges Bedingungsgefüge zwischen der „Erfüllung bestimmter ökonomischer Grundbedingungen" und dem „Selbstvollzug der Person in Freiheit" (Bielefeldt 1998, S. 100).

Dennoch wurden und werden im westlichen Diskurs „die Menschenrechte" häufig einseitig im Sinne der bürgerlich-politischen Freiheitsrechte verstanden. Die systematische Einordnung der Menschenrechte in die EKD-Friedensdenkschrift von 2007, auf die oben hingewiesen wurde, kann als zufälliger Beleg dienen: Rechtsstaatlichkeit und Demokratie als direkt menschenrechtlich relevante Aspekte der Friedensethik, nicht aber der Schutz vor Gewalt und der Abbau von Not. Generell ist in Zivilgesellschaft und Politik in erster Linie dann von Menschenrechten die Rede, wenn es um bürgerliche Rechte wie die Pressefreiheit oder das politische Recht der demokratischen Selbstbestimmung geht. *Failed States*, in denen das grundlegende Recht auf Leben oder ökonomische Mindeststandards auf dem Spiel stehen, werden selten aus einer menschenrechtlichen Perspektive thematisiert. Für diese Überordnung gibt es in erster Linie zwei Gründe. Zum einen lassen sich staatliche Versäumnisse im ökonomisch-sozial-kulturellen Bereich nicht so klar benennen, gesetzlich regulieren und juristisch aufarbeiten wie im Bereich der bürgerlich-politischen Rechte (Cranston 1987; kritisch zu diesem Argument: Arbour 2007, S. 10ff.). WSK-Rechte sind Leistungs- und keine Abwehrrechte, wobei diese Differenz allerdings nicht überbetont werden sollte, denn auch die Gewährleistung bürgerlicher und politischer Rechte ist an positive Handlungen des Staats geknüpft, wie zum Beispiel ein Blick auf EMRK Art. 6 zeigt, der in Absatz 3 mehrere Leistungen aufführt, die vom Staat zu erbringen sind, um das bürgerliche Recht auf ein faires rechtliches Verfahren zu implementieren.[9] Der zweite Grund für die Vernachlässigung der WSK-Rechte hängt damit zusammen, dass sie in besonderem Maße der Gefahr der Ideologisierung ausgesetzt sind. Auch wenn diese Gefahr sicherlich in beide Richtungen sowohl einer Über- als auch einer Unterbewertung akut werden kann (vgl. Marauhn 2003, S. 252): In westlicher Wahrnehmung wurde zu Zeiten des real existierenden Sozialismus samt seines Insistierens auf den materiellen Lebensgrundlagen menschlichen Seins der Freiheitsbezug der WSK-Rechte nicht gesehen und sie stattdessen als Mittel staatlicher Bevormundung abgewiesen – dies gilt für eine lange Tradition „liberaler" Theologie (vgl. Rendtorff 1991, S. 140), aber auch für juristische Texte. Die Europäische Menschenrechtskonvention von 1950 ist geradezu blind für soziale Rechte, während die einige Jahre später hinzugekommene Europäische Sozialcharta keinen Mechanismus der Individualbeschwerde kennt, also gewissermaßen nur einen rhetorischen Anspruch auf staatliche Leistungen hinsichtlich der WSK-Rechte formuliert. Es ist aufschlussreich, wie sich der Europäische Gerichtshof für Menschenrechte auf der Basis dieses Vakuums und im Zeichen der Aufwertung der WSK-Rechte in den vergangenen Jahrzehnten bemühen muss, eine ad-hoc-Rechtsprechung in Sachen soziale Grundrechte zu etablieren (Binder und Schobesberger 2016). Auch das deutsche Grundgesetz enthält anders als zum Beispiel die Weimarer Reichsverfassung in seinem Grundrechtsteil so gut wie keinen Bezug auf WSK-Rechte und der vorausgesetzte Begriff der Menschenwürde lässt sich als einer der (bloß) „inneren Freiheit" rekonstruieren (Goos 2011; anders Dürig 1956, S. 131). All dies wirkt bis heute negativ in der (westlichen) Menschenrechtstheorie

---

9 Die Menschenrechtstheorie spricht im Blick auf alle Menschenrechte von einer dreifachen Verpflichtung des Staates, die Leistungs- und Abwehraspekte kombiniert: „obligation to respect, to protect, to fulfil" (Giacca 2014, S. 51).

nach. Noch in einem 2007 erstmals veröffentlichten Text einer namhaften deutschen Politikwissenschaftlerin wird gegenüber der Forderung nach einer Höhergewichtung der sozialen und ökonomischen Menschenrechte auf die Sowjetverfassung von 1936 und deren totalitären Charakter verwiesen (vgl. Maus 2015, S. 110f.).

Gegenüber solchen Engführungen des Menschenrechtsgedankens haben in den letzten Jahrzehnten Versuche einer Re-Etablierung der WSK-Rechte zugenommen, mit der Wiener Menschenrechtskonferenz von 1993 als Katalysator. Nach dem Ende der Ost-West-Konfrontation waren die Vorbehalte auf westlicher Seite offenbar gesunken. Entscheidender noch war der selbstbewusste Auftritt der dekolonisierten Staaten des globalen Südens, die sich zugleich mit ihrem Einsatz für die Implementierung eines Rechts auf Entwicklung für eine generell stärkere Einbeziehung der wirtschaftlichen und sozialen Rechte in den weltweiten Menschenrechtskanon einsetzten (vgl. z. B. Binder et al. 2016, S. 4). Entsprechende Initiativen des Südens haben eine lange Tradition (z. B. Morsink 1999, S. 130ff.), blieben aber zuvor ohne entscheidenden Einfluss. Inzwischen hat nicht nur die rechtliche und politische Implementierung, sondern auch die theoretische Reflexion der WSK-Rechte deutliche Fortschritte gemacht. Dabei konnte auch auf ältere Konzeptionen zurückgegriffen werden. Ausgangspunkt ist jeweils eine Sicht auf den Menschen, die – im Einklang mit den schon im letzten Punkt vorgetragenen Überlegungen – den Menschen und seine Rechte primär von seinen Bedürfnissen her versteht und dabei das Bedürfnis nach materiellem Auskommen im Sinne des Subsistenzgedankens an die erste Stelle rückt. Es geht also nicht zuletzt um die (Wieder-)Entdeckung des Menschen als körperlichem Wesen mit entsprechenden Bedürfnissen. So unterschiedlichen Konzeptionen wie dem Basic-Needs-Modell der ILO (International Labour Office 1977), den „basic rights" von Henry Shue (1980), der bedürfnisbasierten Gerechtigkeitstheorie der australischen Philosophin Gillian Brock (2009) oder Valentin Becks Philosophie globaler Verantwortung (Beck 2016) wäre an dieser Stelle genauer nachzugehen. Und zwar gerade auch aus theologischen Gründen. Denn wie obige Betrachtung gezeigt hat, kennen die jüdische und die christliche Tradition der Menschenrechte keinen Primat der bürgerlich-politischen Rechte und sie nehmen die körperliche Seite der menschlichen Natur sehr ernst (vgl. in diesem Zusammenhang schon die Überlegungen zu einem „needs-led approach to human rights" in Klein Goldewijk und de Gaay Fortman 1999, bes. S. 45ff.).

4 Friedensethische Konkretion

4.1 WSK-Rechte und gerechter Frieden

Der norwegische Friedensforscher Johan Galtung gehört ebenfalls zu denen, die sich für eine stärkere Berücksichtigung der Bedürfnissituation des Menschen in der Menschenrechtstheorie ausgesprochen haben, nicht ohne die friedensethischen Konsequenzen eines solcherart erweiterten Menschenrechtsverständnisses zu skizzieren (vgl. Galtung 1994). In der Tat führt in Galtungs an sozialer Ungerechtigkeit orientierter Theorie struktureller Gewalt (vgl. Galtung 1979, S. 63) ein direkter argumentativer Weg von den WSK-Rechten zur Friedensethik, und die vorstehenden Überlegungen zu spezifischen Akzentsetzungen einer christlichen Konzeption der Menschenrechte sprechen dafür, gegen eine lang anhaltende Tradition auch die Befriedigung grundlegender materieller Bedürfnisse als vollwertige Menschenrechte zu verstehen, und – auch unabhängig von Galtungs Vorstoß – in der Friedensethik in die von ihm gewiesene Richtung zu gehen.

Es ist daher erstaunlich, dass die kirchlichen friedensethischen Dokumente, in denen das an Galtungs Gewalttheorie angelehnte Leitbild des gerechten Friedens entwickelt wird, nicht nur vergleichsweise wenig von den Menschenrechten sprechen, sondern sie traditionell „westlich" ganz wesentlich auf bürgerliche Abwehrrechte (Stichwort Rechtsstaat) und politische Teilhaberechte (Stichwort Demokratisierung) engführen.[10] Sicher: die EKD-Friedensdenkschrift von 2007 definiert auch den „Abbau von Not" als eine der vier Dimensionen des gerechten Friedens, und im entsprechenden Abschnitt zur „transnationalen sozialen Gerechtigkeit" ist auch vom Recht auf Entwicklung die Rede (EKD 2007, Ziff. 91ff.). Der Vorschlag, hier direkt im Sinne einer Weltsozialpolitik mit Gerechtigkeitsüberlegungen anzusetzen – gedacht ist wohl an Thomas Pogges Vorschläge zur Implementierung globaler Gerechtigkeit (vgl. Pogge 2008)[11] –, wird jedoch verworfen (EKD 2007, Ziff. 93) und es bleibt beim menschenrechtlichen Primat der

---

10 Nicht nur die kirchenamtliche, sondern auch die christlich-theologische Friedensethik insgesamt hat Nachholbedarf, wenn es um die WSK-Rechte geht. Löbliche Ausnahmen: Haspel 2006; Klein Goldewijk und de Gaay Fortman 1999, bes. S. 82ff., 141. Neuerdings ist der Gedanke dieses Zusammenhangs stärker präsent in der vom Ökumenischen Rat der Kirchen ausgehenden „Pilgrimage of Justice and Peace". Der friedensethische Diskurs im deutschen Protestantismus hingegen ist seit Jahrzehnten primär auf die Gretchenfrage der Legitimität militärischer Einsätze fixiert, ausgehend vom Pazifismus als sozialer Bewegung in breiten kirchlichen Kreisen. Nicht zuletzt diese friedensethische Priorisierung des ius ad bellum soll mit dem vorliegenden Text kritisiert werden.

11 Pogges Vorschlag ist unmittelbar mit dem Menschenrechtsgedanken verknüpft (vgl. z. B. Pogge 2008, S. 52). Pogges menschenrechtsbasierter Ansatz zur Wahrnehmung globaler sozialer Verantwortung ist jüngst weitergedacht und modifiziert worden von Valentin Beck (2016, bes. S. 288ff.).

politischen Gerechtigkeit: „Die Umsetzung der Menschenrechte ist nicht an staatlich organisierten Gemeinwesen vorbei, sondern nur in ihnen und durch sie zu verwirklichen" (EKD 2007, Ziff. 89). Dass es sich hier um mehr als eine unbedeutende Akzentsetzung handelt, zeigt nicht zuletzt das Afghanistan-Papier der EKD, das in seiner Evaluation von mehr als 10 Jahren Einsatz für den Frieden in Afghanistan alle Erfolge oder Misserfolge an der Elle der staatlichen Institutionenbildung misst: Es sei festzuhalten, „dass bisher zu wenig Kraft auf das Errichten eines staatlichen Gewaltmonopols und insbesondere rechtsstaatlicher Institutionen zur Kontrolle dieses Gewaltmonopols verwendet wurde. Dies sollte allen weiteren politischen und zivilen Bemühungen vorausgehen" (EKD 2013, Ziff. 26).

Nun ist es nicht zu bestreiten, dass gerade ein menschenrechtsbasierter Ansatz der Friedensethik auf das Vorhandensein rechtsstaatlicher und rechtsdurchsetzender Institutionen pochen muss, denn es gehört zum Rechtscharakter der Menschenrechte – auch der WSK-Rechte –, dass es jemanden gibt, der für ihre Implementierung einsteht. Aber genauso unbestreitbar ist es, dass die Akzeptanz dieser Institutionen in der Bevölkerung und der Rechtsfrieden im Ganzen von der Verwirklichung basaler ökonomischer Lebensbedingungen (quantitativer Aspekt) und von der gerechten Verteilung der entsprechenden Ressourcen (Gerechtigkeitsaspekt) abhängen. Politischer und ökonomischer Wiederaufbau gehen Hand in Hand. Die Schwerpunktbildung der theologischen Friedensethik auf staatlichen Institutionen als Richtmaß von Friedenspotenzialen widerspricht nicht nur den Ergebnissen der empirischen Forschung zu den Ursachen gewalttätiger Konflikte, die wirtschaftlichen Gründen als maßgeblich gewaltträchtigen Störungen des Friedens den Vorrang geben – wie umgekehrt die Theorie des „Demokratischen Friedens", die demokratische Systeme für per se stabiler und friedensaffiner hält als undemokratische, sich nie richtig empirisch bewahrheiten ließ. Der Misserfolg der Friedensbildung in Afghanistan hängt auch damit zusammen, dass der Fokus auf der Institutionenbildung die Arbeit am Frieden zu einem Elitenprojekt machte, während es darum geht – mit dem HIPPO Report der UN gesprochen, der nicht zuletzt diesen Misserfolg reflektiert –, im Sinne eines *Community Engagement* die gesamte Bevölkerung für ein Zusammenleben in Frieden zu gewinnen (siehe unten Abschnitt 4.2).

Der Schwerpunkt der christlichen Friedensethik auf der politischen Gerechtigkeit wird überdies, wenn die Überlegungen in diesem Aufsatz korrekt sind, dem Fokus der eigenen Tradition nicht vollständig gerecht. Und schließlich sollte, wie eben kurz angesprochen, gerade der kirchlich selbst beschworene Paradigmenwechsel vom gerechten Krieg zum gerechten Frieden nicht zuletzt mit einer stärkeren Berücksichtigung der ökonomischen Dimension des Menschen verknüpft sein. Es wirkt wie ein Relikt der seit jeher verkürzt staatlich-politisch gedachten Lehre vom gerechten Krieg, wenn in den genannten kirchlichen Verlautbarungen die staatliche Institutionenbildung an die erste Stelle der friedensbildenden Maßnahmen gerückt wird.

Aus allen diesen Gründen erscheint es angebracht, in der christlichen Friedensethik stärker als bisher die genannte politische, philosophische und rechtliche Wiederentdeckung[12] der WSK-Rechte

---

12 Es handelt sich tatsächlich eher um eine Wieder- als eine Neuentdeckung. Die Suggestion einer zeitlichen Abfolge, wie sie in der (leider) verbreiteten Rede von den WSK-Rechten als zweiter oder dritter „Generation" der Menschenrechte mitschwingt, ist erst das Produkt der aus ideologischen Gründen erfolgten Engführung des Menschenrechtsgedankens auf bürgerliche und politische Rechte. Historisch gibt es dafür keinen Anhalt, wie außer Calvin und der kirchlichen Soziallehre, die oben bereits genannt wurden, auch nicht-religiöse Befreiungsbewegungen seit der frühen Neuzeit belegen (vgl. Blickle 2003; Claeys 2015).

nachzuvollziehen. Inzwischen liegen etliche wissenschaftliche Untersuchungen vor, die eine solche friedensethische Konkretisierung der WSK-Rechte befruchten können.

4.2 Friedenspolitik: Die WSK-Rechte innerhalb der „new United Nations peacebuilding architecture"[13]

Auch wenn in den vorausgehenden Zeilen gegen eine Engführung des Fokus der Friedensethik auf politische Institutionenbildung argumentiert wurde: Ohne politische Bemühungen ist der gerechte Friede nicht zu haben (vgl. United Nations General Assembly/Security Council 2015, S. 26), und deshalb soll im Folgenden der Rolle nachgegangen werden, die der sozio-ökonomischen Gerechtigkeit in Strategiepapieren zu politisch initiierten Friedensmaßnahmen zugeschrieben wird, die in den letzten 20 Jahren im Rahmen einer Neuausrichtung der UN-Friedensarbeit veröffentlicht wurden.

Nachdem der UN mit den entsprechenden Formulierungen der Charta das Programm „Frieden durch Menschenrechtsschutz" bereits in die Wiege gelegt wurde und durch entsprechende Maßnahmen der Information, Kooperation, Konfrontation und Gerichtsbarkeit seit den Anfängen der UN zumindest theoretisch auch umsetzbar war (vgl. Rupprecht 2003), brachten die 1990er-Jahre mit der „Agenda for Peace" und der Gründung des *Department of Peacekeeping Operations* (DPKO) die bereits in der Einleitung angesprochene stärkere Akzentuierung dieser Thematik. Mit Kofi Annans „Millennium Report" fällt dann zu Beginn des Jahres 2000 der friedenspolitische Akzent auf Prävention (Annan 2000,

---

13 United Nations Department of Peacekeeping Operations 2010 [2008], S. 20.

S. 44) und damit die „root causes" der weltweit zunehmenden innerstaatlichen Gewalt. Der Bericht nimmt den erweiterten Sicherheitsbegriff der *Human Security* auf und verweist in diesem Zusammenhang auf mangelnde ökonomische Entwicklung als maßgebliche Ursache von gewaltsamen Konflikten: „The majority of wars today are wars among the poor" (Annan 2000, S. 45).[14] Ein besonderes Augenmerk fällt auf den Schutz verwundbarer Personengruppen, um aus dem allen zu schließen:

> „To strengthen protection, we must reassert the centrality of international humanitarian and human rights law. We must strive to end the culture of impunity – which is why the creation of the International Criminal Court is so important. We must also devise new strategies to meet changing needs" (Annan 2000, S. 46).

Der später im Jahr 2000 veröffentlichte Brahimi Report, mit dem das *UN-Peacekeeping* neu aufgestellt wurde, betont in diesem Sinne die Wichtigkeit „to coordinate and institutionalize human rights field work in peace operations" (United Nations 2000, S. 41), und bei der positiven Rezeption des Berichts in der Resolution 1327 wird der UN-Sicherheitsrat noch expliziter, indem er herausstellt

> „that the biggest deterrent to violent conflict is addressing the root causes of conflict, including through the promotion of sustainable development and a democratic society based on a strong rule of law and civic institutions, including adherence to all human rights – civil, political, economic, social and cultural"

---

14 In diesem Sinne auch Richmond 2014a, S. 452: „Conflict both is driven by and produces poverty." Annans Bericht argumentiert gleichwohl nicht eindimensional. Andere Kriegsursachen, die genannt werden, sind „political ambition and greed" (Annan 2000, S. 43). In diese mehrdimensionale Richtung, mit besonderer Berücksichtigung der ökonomischen Komponente, argumentiert bereits der Klassiker der wissenschaftlichen Kriegsursachenforschung, Gurr 1970.

Gerechter Frieden und Menschenrechte

und zugleich die Übereinstimmung mit dem Generalsekretär dahingehend ausdrückt „that every step taken towards reducing poverty and achieving broad-based economic growth is a step towards conflict prevention" (United Nations Security Council 2000, S. 4). Im April 2001 folgte dann ein Bericht des Generalsekretärs an den Sicherheitsrat, der besonders auf das Ende von *Peacekeeping-Operationen* unter dem Gesichtspunkt des *Peacebuilding* reflektiert, einem Begriff, der nicht zufällig auf Johan Galtung zurückgeht (Galtung 1976) und die längerfristigen strukturellen Voraussetzungen von Friede oder Konflikt in den Blick nimmt. In der im Bericht vorgeschlagenen „comprehensive strategy" (United Nations Security Council 2001, S. 5) wird der Institutionenbildung großer Wert zugeschrieben, aber auch das Zusammenspiel staatlicher und ziviler Akteure als notwendig angesehen, um zu einem nachhaltigen Frieden zu kommen. Dazu gehört auch eine spürbare Verbesserung der ökonomischen Lage der Menschen vor Ort: „International economic relief and productive jobs are the first signs of peace that can persuade rival factions to truly disarm and take a chance on peaceful politics" (United Nations Security Council 2001, S. 3).

In den Folgejahren hat der friedenspolitische Diskurs in der UN, wenn ich ihn recht überblicke, stärker zwischen Fragen des *Peacebuilding* und des *Peacekeeping* unterschieden. Bezüglich *Peacekeeping* kümmerte man sich weniger um die übergreifenden Bedingungen friedensbildender Maßnahmen als eher um Fragen der *Organisation* im Sinne einer *best practice* der Friedensmissionen vor Ort (z. B. Vermeidung von Menschenrechtsverletzungen durch UN-Blauhelmsoldaten), ihrer Vorbereitung (bessere Einbeziehung der Mitgliedsstaaten) und ihrer Leitung durch die internen Strukturen der UN (Einrichtung eines neuen Department of Field Support [DFS] in Ergänzung zum DPKO im Jahr 2007). Im Rahmen der in diesem Kapitel interessierenden Reflexion auf die ökonomischen und sozialen Komponenten eines nachhaltigen Friedens ist das weniger interessant. Herausstellen möchte ich allerdings eine Passage aus der 2006 vom Generalsekretär vorgelegten Reformstrategie „Peace Operations 2010", in der angeregt wird, die Weltbank und andere Finanzinstitutionen stärker in den friedensbildend notwendigen ökonomischen Wiederaufbau nach einem gewaltsamen Konflikt einzubinden (United Nations General Assembly 2006, S. 9). Dieser Punkt wird in der 2009 von DPKO und DFS gemeinsam herausgegebenen Reform-Agenda, die generell unter dem Zeichen des „partnership" steht, beibehalten (vgl. United Nations Department of Peacekeeping Operations and Department of Field Support 2009, S. 23).

Für das eigentliche *Peacebuilding* wurde 2005 vom UN Global Summit die Einrichtung einer eigenen Kommission mit entsprechendem administrativen Unterbau – dem Peacebuilding Support Office (PBSO) – beschlossen. Sie soll sich für einen integrierten Ansatz von Maßnahmen der Konfliktnachsorge im Zeichen einer nachhaltigen Entwicklung einsetzen (United Nations General Assembly 2005, S. 24f.). Lokale und globale Partnerschaften zur Aktivierung ökonomischer Ressourcen spielen dabei eine entscheidende Rolle (United Nations Peacebuilding Support Office 2012).

In den letzten Jahren werden *Peacebuilding* und *Peacekeeping* auf UN-Ebene wieder stärker gemeinsam thematisiert. Dabei wird das Miteinander von politischer Institutionenbildung und ökonomischer Entwicklung im Sinne der oben genannten „comprehensive strategy" wieder aufgegriffen (United Nations Department of Peacekeeping Operations 2010 [2008], S. 25), mit der Betonung, dass gerade für einen dauerhaften Frieden der ökonomische Teil der Konfliktnachsorge unerlässlich ist.[15] Durchaus selbstkritisch

---

15 United Nations Department of Peacekeeping Operations 2010 [2008], S. 29: „Socio-economic recovery and development is critical to the

im Blick auf vergangene Friedensmissionen wird im HIPPO Report „an overly technocratic focus on capitals and elite" (United Nations General Assembly/Security Council 2015, S. 12) kritisiert, nicht zuletzt wegen der friedensbedrohenden Folgen der sozialen und ökonomischen Marginalisierung bestimmter Bevölkerungsgruppen (United Nations General Assembly/Security Council 2015, S. 49). An die Stelle der Elitenkommunikation soll ein „community engagement" treten, das das Friedensprojekt in der lokalen Bevölkerung verwurzelt und mit und nicht über sie hinweg verwirklicht wird (United Nations General Assembly/Security Council 2015, S. 78).

Am Ende dieses Überblicks soll auch der ICISS Report von 2001 nochmals erwähnt werden. Dass er die Bedeutung menschenrechtlicher Normen als „milestones" auf dem Weg zum Frieden hervorhebt, wurde oben in der Einleitung bereits angemerkt. An dieser Stelle sei zusätzlich darauf verwiesen, dass der Bericht ebenfalls die zentrale friedenspolitische Bedeutung der Prävention hervorhebt (ICISS 2001, S. XI) und in diesem Zusammenhang das bedürfnisorientierte Konzept der *Human Security* friedenspolitisch stark macht:

> „One of the virtues of expressing the key issue in this debate as 'the responsibility to protect' is that it focuses attention where it should be most concentrated, on the human needs of those seeking protection or assistance. The emphasis in the security debate shifts, with this focus, from territorial security, and security through armaments, to security through human development with access to food and employment, and to environmental society" (ICISS 2001, S. 15).

Es gehört zu den Stärken des ICISS-Berichts – und zu denen, die auf der Ebene der UN kaum rezipiert wurden –, dass er auf dieser

---

achievement of a lasting peace."

Basis auch Situationen von Hungersnot und Umweltkatastrophen als mögliche Gründe anführt für eine Intervention der Weltgemeinschaft in ein Territorium, dessen Regierung dem drohenden massenhaften Verlust von Menschenleben nicht Einhalt gebieten kann oder will (ICISS 2001, S. 33).

4.3 Die WSK-Rechte in der internationalen Friedensforschung

Die referierten, durchaus selbstkritischen Erwägungen zu *Peacekeeping* und *Peacebuilding* in UN-Strategiepapieren der letzten 20 Jahre sind das Ergebnis der Analyse von Erfolgen und Misserfolgen bisheriger Friedens- und Aufbaumissionen und der intensiven wissenschaftlichen Begleitforschung, an der auch die (Friedens-)Ethik maßgeblich beteiligt ist. Wichtigster ethischer Ausfluss dieser Analysen ist die wachsende Betonung der Notwendigkeit eines *ius post bellum*, auf die ich in der Einleitung bereits hingewiesen habe. Gerade die missglückte Neuordnung des Iraks nach der Invasion 2003 hat in dieser Hinsicht ein grundsätzliches Umdenken ausgelöst, wobei nicht zuletzt die Unzulänglichkeit eines primär institutionsorientierten, an den unmittelbaren Interessen der Bevölkerung vorbeigehenden Ansatzes der Konfliktnachsorge hervorgehoben wurde (Lacher 2007, S. 247).

Die Konzeptualisierung eines *ius post bellum* hat ihre Wurzeln in der juristischen Aufarbeitung der Unrechtsregime des 20. Jahrhunderts. Ging es dort zunächst um strafrechtliche Konsequenzen – Kriegsverbrecherprozesse! –, so manifestieren die Wahrheits- und Versöhnungskommissionen der 1990er-Jahre ein erweitertes Rechtsverständnis, das im Konzept der *Transitional Justice* kulminierte (Teitel 2000). Der darin mitgedachte verflüssigte Rechtsbegriff versteht sich als Reflex nicht nur der nach einem

Regimewechsel vor Ort bestehenden Umbruchsituation, sondern auch allgemeiner als Antwort auf die Verflüssigung von Ordnungsvorstellungen und -mustern in der globalisierten Moderne (vgl. Teitel 2000, S. 226). Dennoch bleibt das Konzept der *Transitional Justice* enggeführt auf im weiteren Sinne rechtliche Maßnahmen der Konfliktnachsorge, und wo es den Menschenrechtsgedanken integriert, besteht die Tendenz zu einem „bias towards civil and political rights" (Arbour 2007, S. 9). So lautete jedenfalls die Kritik der damaligen UN-Hochkommissarin für Menschenrechte, Louise Arbour, in einer viel beachteten Rede, die sie 2006 an der New York University hielt. Ausgehend von den Erfahrungen mit Friedensmissionen der vergangenen Jahre forderte sie demgegenüber eine „holistic interpretation" (Arbour 2007, S. 2) des Konzepts mit einer ausdrücklichen Einbeziehung der WSK-Rechte:

> „Transitional justice should thus reach beyond its traditional mechanisms, rooted as they are in criminal law, and pay proper attention to economic, social, and cultural rights. By embracing social justice, transitional justice will not only realize its full potential but also challenge the traditional justice agenda to do likewise. This is not a matter of possibility; it is a matter of choice: one which we now can – and must – make" (Arbour 2007, S. 27).

Arbours Forderung wurde in späteren UN-Verlautbarungen zur *Transitional Justice* aufgenommen (United Nations 2010, S. 7; United Nations Office of the High Commissioner for Human Rights 2014), und auch auf wissenschaftlicher Ebene wurde die Arbeit an einem „holistischen" Konzept der *Transitional Justice* in einer Vielzahl von Veröffentlichungen weitergeführt (stellvertretend: Buckley-Zistel und Koloma Beck et al. 2014; Schmid und Nolan 2014; Corradetti et al. 2016; Murphy 2017; mit einem besonderen Fokus auf den WSK-Rechten: Breen 2017).

Es gibt aber auch weiterhin grundsätzliche Kritik an der *Transitional Justice* „Industry" (Waldorf 2012, S. 172). Nicht alle Teilnehmer am Diskurs um Konfliktnachsorge sehen die Forderung Arbours (und anderer), soziale Gerechtigkeit in das Konzept zu integrieren, als erfüllt an. Diese Kritik erfolgt von zwei Seiten. Auf der einen Seite steht im Rahmen der Anti-Neoliberalismus- und Anti-Globalisierungs-Bewegung der Vorwurf, der grundsätzlich elitenbasierte Ansatz der *Transitional Justice* werde durch die Einbeziehung sozialer und wirtschaftlicher Fragen in die Nach-Konflikt-Ordnung nicht wirklich überwunden. Indem über Institutionen wie die Weltbank das Credo des Marktes in die Nach-Konflikt-Gesellschaften implantiert werde, werde über die wirklich betroffenen Menschen hinweg gehandelt. Überdies würden ökonomische Wiederaufbaumaßnahmen allein wachstumsorientiert verstanden, die Verteilungsfrage dabei ausgeblendet – „Growth replaced equality […]" (Richmond 2014a, S. 458) – und wegen der dadurch bei der lokalen Bevölkerung entstehenden Ressentiments die Rede von Demokratie und Rechten ausgehöhlt, was einen wirklich nachhaltigen Frieden unmöglich mache (Richmond 2014a, S. 456f.; vgl. für diese kritische Position auch: Richmond 2014b, 2016; Richmond und Franks 2009; Richmond und Pogodda 2016).

Wo diese marxistisch und postkolonial gefärbte Kritik an der Praxis der *Transitional Justice* bei den Strukturen ansetzt – und darin, ob gewollt oder nicht, an einem zentralen Bestandteil von deren institutionellem und prozeduralen Paradigma festhält –, nimmt ein anderer Versuch, den Gedanken eines *ius post bellum* gerade auch hinsichtlich der sozialen Gerechtigkeit weiterzudenken, stärker die einzelnen Menschen und ihre traumatisierte Psyche in den Blick. Der nicht zuletzt biblisch (Ez 36,26) inspirierte Gedanke einer Transformation der Herzen klingt nach, wenn in diesem Zusammenhang die Forderung erhoben wird, die *Transitional Justice* als *Transformative Justice* neu zu denken und zu gestalten.

Das Konzept wurde 2002 als Echo insbesondere auf Beiträge aus der Evaluation der südafrikanischen Truth and Reconciliation Commission erstmals formuliert.[16] Es greift aber auch auf ältere Initiativen in der Friedensforschung zurück, die die Notwendigkeit einer Konflikt*transformation* betonen und dabei einerseits die Prozesshaftigkeit (Galtung 1995), andererseits die kulturellen Wurzeln von Konflikten (Lederach 1995) in den Vordergrund rücken. Es ging und geht dabei immer um einen Ansatz eher bei den betroffenen Menschen als bei den Institutionen: „The integrative or transformational approach […] aims at finding outcomes acceptable to all parties to the conflict by exploring human, rather than institutional, interaction" (Rupesinghe 1995, S. 74).

Die Befürworter des Konzepts der *Transformative Justice* knüpfen an die holistische Interpretation der *Transitional Justice* an, sehen die gesuchte Ganzheitlichkeit jedoch durch deren juristisches Paradigma grundsätzlich korrumpiert, so dass ein Paradigmenwechsel notwendig erscheint:

> „This holism has not been transformative, however, because it has not dislodged legal and state-based approaches from their dominant position […]. Transformative justice should be holistic in seeking to use a far wider range of approaches, and will expressly integrate both social and economic policy that promotes social justice, as well as grassroots-driven approaches that impact directly on communities" (Gready und Robins 2014, S. 345).

---

16 In diesem Aufsatz (Daly 2002) findet sich bereits der entscheidende Grundgedanke des Konzepts der Transformative Justice: „[…] if the public was involved in some way in the original oppression, then the culture that allowed the oppression to take place or actively pursued it must be changed. Simply changing the governors won't cure a problem that resides as well in the governed" (Daly 2002, S. 74).

Wenn auf diese Weise ein „bottom-up"-Ansatz dem lange vorherrschenden „top-down" des *Peacebuilding* gegenübergestellt wird (Gready und Robins 2014, S. 340), dann geht es spezifisch auch um WSK-Rechte (Evans 2016). Allerdings ist auch der „local turn" (McAuliffe 2017, S. 282) kein Selbstläufer hin zur Verwirklichung sozialer Gerechtigkeit (McAuliffe 2017). Für einen nachhaltigen Frieden ist eine umfassende Aufarbeitung des geschehen Unrechts auf struktureller und individueller Ebene von Nöten:

> „Adapting the strategy of conflict transformation to the promotion of economic, social and cultural rights means a shift from direct and often violent conflicts over housing, education or cultural identity towards the root conflicts, which are like basic wounds left unattended when violence explodes" (Klein Goldewijk und de Gaay Fortman 1999, S. 82).

Die Transformation der Verhältnisse zugunsten der Marginalisierten muss von einer kulturellen Transformation des Bewusstseins flankiert werden:

> „It [transformative participation] should transform both the people involved (their views, skills, levels of organization) and their situation. As such, it chimes with Paolo Freire's notion of conscientization. A process-based approach to transformation also challenges power relations: participation then becomes a key element of empowerment that sees the marginalized challenge, access and shape institutions and structures from which they were previously excluded" (Gready und Robins 2014, S. 358).

Die so formulierte *Transformative Justice* kann man durchaus als Applikation des Gedankens einer „menschenrechtlichen Gerechtigkeit" (Lohmann 2017) auf das *ius post bellum* lesen.

Neuere christliche Vorstöße zu einem *ius post bellum*, die insbesondere die Notwendigkeit der nach-konfliktuellen Versöhnung hervorheben, konzentrieren sich auf diesen letzteren Aspekt der Bewusstseinsbildung (stellvertretend: Philpott 2012). Diese durchaus erfolgreiche und maßstabsetzende Arbeit soll hier keinesfalls kleingeredet werden. Wenn die Überlegungen dieses Essays richtig sind, dann käme es allerdings darauf an, auch die Transformation der politischen und ökonomischen Verhältnisse im Sinne eines umfassenden Verständnisses der Menschenrechte als eine genuin christliche Aufgabe zu begreifen.

Das *ius post bellum* stellt neben dem *ius ad bellum* und dem *ius in bello* nur einen von drei Aspekten der Friedensethik dar, und in allen drei lässt sich ein menschenrechtsbasierter Ansatz zur Geltung bringen. Wenn in den vorstehenden Konkretionen allein auf das *ius post bellum* Bezug genommen wurde, so ist das also *pars pro toto* zu verstehen. Diese Konzentration ist jedoch gleichwohl kein Zufall. Denn die nachsorgende und zugleich präventive Friedensarbeit ist vom Leitbild des gerechten Friedens her mit besonderer Relevanz versehen. Zugleich zeigt sich hier besonders gut, wie sich die begründungstheoretischen Überlegungen dieses Essays in aktuelle friedensethische Debatten einfügen lassen. Das umfassend gedachte Konzept der *Transformative Justice* bietet breiten Raum, um die beiden zentralen Gedanken des christlichen Menschenrechtsverständnisses, wie sie im vorliegenden Essay herausgearbeitet wurden – den Akzent auf die *personae miserae* und die Ehrfurcht vor dem unendlichen Wert jedes einzelnen Menschen –, friedensethisch weiter zu durchdenken.[17]

---

17 Ich danke den Teilnehmerinnen und Teilnehmern der FEST-Konsultation im Juli 2017, auf der ich einen ersten Entwurf des vorliegenden Textes vorgestellt habe, für kritische und zustimmende Reaktionen und Verbesserungsvorschläge, denen ich im vorliegenden Text so gut als möglich nachgegangen bin. Ein besonderer Dank geht an Wolfgang Heinz und Stefan Oeter für wichtige Literaturhinweise. Jochen Bohn war, wie immer, eine unersetzliche Hilfe bei der Literaturbeschaffung.

Literatur

Allman, Mark J. und Tobias L. Winright. 2010. *After the Smoke Clears. The Just War Tradition and Post War Justice.* Maryknoll, NY: Orbis Books.

Annan, Kofi. 2000. „We the Peoples". The Role of the United Nations in the 21st Century. New York: United Nations. http://www.un.org/en/events/pastevents/pdfs/We_The_Peoples.pdf. Zugegriffen: 06. Mai 2018.

Anselm, Reiner. 2008. „Den modernen Staat ... hat der Protestantismus nicht geschaffen". In *Protestantisches Ethos und moderne Kultur. Zur Aktualität von Ernst Troeltschs Protestantismusschrift,* hrsg. von Georg Pfleiderer und Alexander Heit, 93-106. Zürich: TVZ.

Arbour, Louise. 2007. Economic and Social Justice for Societies in Transition. In *New York University Journal of International Law and Politics* 40 (1): 1-27. http://nyujilp.org/wp-content/uploads/2013/02/40.1-Arbour.pdf. Zugegriffen: 29. Mai 2018.

Auga, Ulrike. 2017. Menschenrechte und Geschlecht. Zum religiösen, kulturellen, politischen und sozialen Diskurs in nationalstaatlicher und globaler Perspektive. In Menschenrechte auf dem Prüfstand: Frauenrechte zwischen Religion, Kultur und Politik, hrsg. von Doris Strahm. https://feministische-theologinnen.ch/wp-content/uploads/2017/10/2017-03-04-Tagungsdokumentation.pdf. Zugegriffen: 30. April 2018.

Auswärtiges Amt (Hrsg.). o. J. *Menschenrechte: Fundament deutscher Außenpolitik.* Berlin: Bundesregierung.

Badiou, Alain. 2009. *Paulus. Die Begründung des Universalismus.* Zürich: Diaphanes.

Baranzke, Heike. 2002. *Würde der Kreatur? Die Idee der Würde im Horizont der Bioethik.* Würzburg: Königshausen & Neumann.

Beck, Valentin. 2016. *Eine Theorie der globalen Verantwortung. Was wir Menschen in extremer Armut schulden.* Berlin: Suhrkamp.

Beestermöller, Gerhard. 2012. Thomas Aquinas and Humanitarian Intervention. In *From Just War to Modern Peace Ethics,* hrsg. von Heinz-Gerhard Justenhoven und William A. Barbieri, Jr., 71-97. Berlin: Walter de Gruyter.

Bernstorff, Jochen von. 2015. Menschenrechte als juridische Rechte. Eine Skizze. In *Zur Praxis der Menschenrechte. Formen, Potenziale und Widersprüche,* hrsg. von Michael Reder und Mara-Daria Cojocaru, 13-25. Stuttgart: Kohlhammer.

Beuken, Willem A. M. 2003. *Jesaja 1-12*. Freiburg i. Br.: Herder.
Bielefeldt, Heiner. 1998. *Philosophie der Menschenrechte. Grundlagen eines weltweiten Freiheitsethos*. Darmstadt: WBG.
Bielefeldt, Heiner. 2013. Die Menschenwürde – ein unaufgebbares Axiom. In *Menschenwürde. Impulse zum Geltungsanspruch der Menschenrechte*, hrsg. von der Deutschen Kommission Justitia et Pax, 28-63. Bonn.
Bieler, Andrea. 2017. *Verletzliches Leben. Horizonte einer Theologie der Seelsorge*. Göttingen: Vandenhoeck & Ruprecht.
Binder, Christina, Jane A. Hofbauer, Flávia Piovesan, Anna-Zoe Steiner, Elisabeth Steiner (Hrsg.). 2016. *Social Rights in the Case Law of Regional Human Rights Monitoring Institutions. The European Court of Human Rights, the Inter-American Court of Human Rights and the African Commission on Human and Peoples' Rights*. Wien: NWV Neuer Wissenschaftlicher Verlag.
Binder, Christina und Thomas Schobesberger. 2016. The European Court of Human Rights and Social Rights – Emerging Trends in Jurisprudence? In *Hungarian Yearbook of International Law and European Law 2015*, hrsg. von Réka Varga und Petra Lea Láncos, 51-69. Den Haag: Eleven International Publishing.
Birmingham, Peg. 2006. *Hannah Arendt & Human Rights. The Predicament of Common Responsibility*. Bloomington, IN: Indiana University Press.
Blickle, Peter. 2003. *Von der Leibeigenschaft zu den Menschenrechten. Eine Geschichte der Freiheit in Deutschland*. München: C.H. Beck.
Bogner, Daniel. 2017. Menschenrechte und humanitäres Völkerrecht. In *Handbuch Friedensethik*, hrsg. von Ines-Jacqueline Werkner und Klaus Ebeling, 677-687. Wiesbaden: Springer VS.
Bohn, Jochen. 2018. Philosophischer Paulinismus. Von einem neuen messianischen Ton im politischen Denken. In *Das Narrativ von der Wiederkehr der Religion*, hrsg. von Holger Zapf, Oliver Hidalgo und Philipp W. Hildmann, 89-113. Wiesbaden: Springer VS.
Bonacker, Thorsten und André Brodocz. 2001. Im Namen der Menschenrechte. Zur symbolischen Integration der internationalen Gemeinschaft durch Normen. *Zeitschrift für Internationale Beziehungen* 8 (2): 179-208.
Breen, Claire. 2017. *Economic and Social Rights and the Maintenance of International Peace and Security*. London: Routledge.
Brock, Gillian. 2009. *Global Justice. A Cosmopolitan Account*. Oxford: Oxford University Press.

Brown, Wendy. 2011. Die Paradoxien der Rechte ertragen. In *Die Revolution der Menschenrechte. Grundlegende Texte zu einem neuen Begriff des Politischen*, hrsg. von Christoph Menke und Francesca Raimondi, 454-473. Berlin: Suhrkamp.

Brüning, Alfons und Evert van der Zweerde (Hrsg.). 2012. *Orthodox Christianity and Human Rights*. Leuven: Peeters.

Brumlik, Micha. 1999. Zur Begründung der Menschenrechte im Buch Amos. In *Recht auf Menschenrechte. Menschenrechte, Demokratie und internationale Politik*, hrsg. von Hauke Brunkhorst, Wolfgang R. Köhler und Matthias Lutz-Bachmann, 11-19. Frankfurt a. M.: Suhrkamp.

Buckley-Zistel, Susanne, Teresa Koloma Beck, Christian Braun und Friederike Mieth (Hrsg.). 2014. *Transitional Justice Theories*. Abingdon; UK: Routledge.

Carter, Warren. 2000. *Matthew and the Margins. A Sociopolitical and Religious Reading*. Maryknoll, NY: Orbis Books.

Chandler, Andrew. 1993. The Church of England and the Obliteration Bombing of Germany in the Second World War. *English Historical Review* 108 (429): 920-946.

Chomsky, Noam. 2000. *Der Neue Militärische Humanismus. Lektionen aus dem Kosovo*. Zürich: Edition 8.

Claeys, Gregory. 2015. Socialism and the Language of Rights: the Origins and Implications of Economic Rights. In *Revisiting the Origins of Human Rights*, hrsg. von Pamela Slotte und Miia Halme-Tuomisaari, 206-236. Cambridge: Cambridge University Press.

Cohen, Hermann. 1988 [1919]. *Religion der Vernunft aus den Quellen des Judentums*. 2. Aufl. Wiesbaden: Fourier Verlag.

Corradetti, Claudio, Nir Eisikovits und Jack Volpe Rotondi (Hrsg.). 2016. *Theorizing Transitional Justice*. London: Routledge.

Cranston, Maurice. 1987. Kann es soziale und wirtschaftliche Menschenrechte geben? In *Menschenrechte und Menschenwürde. Historische Voraussetzungen – säkulare Gestalt – christliches Verständnis*, hrsg. von Ernst-Wolfgang Böckenförde und Robert Spaemann, 224-237. Stuttgart: Klett-Cotta.

Crüsemann, Frank. 1993a. Menschenrechte und Tora – und das Problem ihrer christlichen Rezeption. In *Maßstab: Tora. Israels Weisung und christliche Ethik*, hrsg. von Frank Crüsemann, 148-163. 2. Aufl. Gütersloh: Gütersloher Verlagshaus.

Crüsemann, Frank. 1993b. Das Gottesvolk als Schutzraum für Fremde und Flüchtlinge. Zum biblischen Asyl- und Fremdenrecht und seinen religionsgeschichtlichen Hintergründen. In *Maßstab: Tora. Israels Weisung und christliche Ethik*, hrsg. von Frank Crüsemann, 224-243. 2. Aufl. Gütersloh: Gütersloher Verlagshaus.

Crüsemann, Frank. 2003. Die Bedeutung der Rechtsförmigkeit der Tora für die christliche Ethik. In *Maßstab: Tora. Israels Weisung für christliche Ethik*, hrsg. von Frank Crüsemann, 175-188. Gütersloh: Gütersloher Verlagshaus.

Daase, Christopher. 2016. Orientierung zwischen Gesinnung und Verantwortung. Die Krise der internationalen Ordnung als friedensethische Herausforderung. *Zur Sache bw* 15 (2): 32-36.

Dalferth, Ingolf U. 2011. *Umsonst. Eine Erinnerung an die kreative Passivität des Menschen*. Tübingen: Mohr Siebeck.

Daly, Erin. 2002. Transformative Justice. Charting a Path to Reconciliation. *International Legal Perspectives* 12 (1/2): 73-183.

Dehn, John C. 2016. Whither International Martial Law? Human Rights as Sword and Shield in Ineffectively Governed Territory. *Theoretical Boundaries of Armed Conflict and Human Rights*, hrsg. von Jens David Ohlin, 315-362. Cambridge: Cambridge University Press.

Die deutschen Bischöfe (Hrsg.). 2000. *Gerechter Friede*. Bonn: Sekretariat der Deutschen Bischofskonferenz.

Donnelly, Jack. 1982. Human Rights as Natural Rights. In *Human Rights Quarterly* 4 (3): 391-405.

Douzinas, Costas. 2007. *Human Rights and Empire. The Political Philosophy of Cosmopolitanism*. Abingdon, UK: Routledge.

Dreist, Peter. 2014. Humanitäres Völkerrecht für den internationalen bewaffneten Konflikt – Zweck, Begriff, Geltungsbereich und Verbindlichkeit des ius in bello. In *Völkerrecht. Lexikon zentraler Begriffe und Themen,* hrsg. von Burkhard Schöbener, 160-168. Heidelberg: C.F. Müller.

Dürig, Günter. 1956. Der Grundrechtssatz von der Menschenwürde. Entwurf eines praktikablen Wertsystems der Grundrechte aus Art. 1 Abs. I in Verbindung mit Art. 19 Abs. II des Grundgesetzes. *Archiv des öffentlichen Rechts* 81 (2): 117-157.

Ebach, Jürgen. 1996. *Streiten mit Gott: Hiob. Teil 2: Hiob 21-42*. Neukirchen-Vluyn: Neukirchener Verlag.

Eckel, Jan. 2014. *Die Ambivalenz des Guten. Menschenrechte in der internationalen Politik seit den 1940ern*. Göttingen: Vandenhoeck & Ruprecht.

Evangelische Kirche in Deutschland (EKD). 2007. *Aus Gottes Frieden leben – für gerechten Frieden sorgen. Eine Denkschrift des Rates der Evangelischen Kirche in Deutschland*. Gütersloh: Gütersloher Verlagshaus.

Evangelische Kirche in Deutschland (EKD). 2013. *„Selig sind die Friedfertigen". Der Einsatz in Afghanistan: Aufgaben evangelischer Friedensethik. Eine Stellungnahme der Kammer für Öffentliche Verantwortung der EKD*. Hannover: Kirchenamt der EKD.

Evans, Matthew. 2016. Structural Violence, Socioeconomic Rights, and Transformative Justice. *Journal of Human Rights* 15 (1): 1-20.

Fineman, Martha Albertson und Anna Grear (Hrsg.). 2013. *Vulnerability. Reflections on a New Ethical Foundation for Law and Politics*. Abingdon, UK: Routledge.

Foote, Nicola und Nadya Williams (Hrsg.). 2018. *Civilians and Warfare in World History*. Abingdon, UK: Routledge.

Ford, John C., S.J. 1992 [1944]. The Morality of Obliteration Bombing. In *War in the Twentieth Century. Sources in Theological Ethics*, hrsg. von Richard B. Miller, 138-177. Louisville, KY: Westminster.

Galtung, Johan. 1976. Three Approaches to Peace: Peacekeeping, Peacemaking, and Peacebuilding. In *Peace, War and Defense. Essays in Peace Research 2*, hrsg. von Johan Galtung, 282-304. Kopenhagen: Ejlers.

Galtung, Johan. 1979. Gewalt, Frieden und Friedensforschung. In *Kritische Friedensforschung*, hrsg. von Dieter Senghaas, 55-104. 5. Aufl. Frankfurt a. M.: Suhrkamp.

Galtung, Johan. 1994. *Menschenrechte – anders gesehen*. Frankfurt a. M.: Suhrkamp.

Galtung, Johan. 1995. Conflict Resolution as Conflict Transformation. The First Law of Thermodynamics Revisited. In *Conflict Transformation*, hrsg. von Kumar Rupesinghe, 51-64. Basingstoke, UK: Macmillan Press.

Giacca, Gilles. 2014. *Economic, Social, and Cultural Rights in Armed Conflict*. Oxford: Oxford University Press.

Gillner, Matthias. 1998. Bartolomé de Las Casas und die Menschenrechte. *Jahrbuch für Christliche Sozialwissenschaften* 39: 143-160.

Gillner, Matthias und Volker Stümke (Hrsg.). 2014. *Kollateralopfer. Die Tötung von Unschuldigen als rechtliches und moralisches Problem*. Münster: Aschendorff Verlag.

Glendon, Mary Ann. 2001. *A World Made New. Eleanor Roosevelt and the Universal Declaration of Human Rights*. New York: Random House.

Goos, Christoph. 2011. *Innere Freiheit. Eine Rekonstruktion des grundgesetzlichen Würdebegriffs*. Göttingen: Vandenhoeck & Ruprecht.

Gready, Paul und Simon Robins. 2014. From Transitional to Transformative Justice. A New Agenda for Practice. *International Journal of Transitional Justice* 8 (3): 339-361.

Gurr, Ted Robert. 1970. *Why Men Rebel*. Princeton, NJ: Princeton University Press.

Gutiérrez, Gustavo. 1992. *Theologie der Befreiung*. 10. Aufl. Mainz: Matthias Grünewald.

Harnack, Adolf von. 2012 [1900]. *Das Wesen des Christentums. Sechzehn Vorlesungen vor Studierenden aller Fakultäten im Wintersemester 1899/1900 an der Universität Berlin*, hrsg. von Claus-Dieter Osthövener. Tübingen: Mohr Siebeck.

Hartke, Austen. 2018. *Transforming. The Bible and the Lives of Transgender Christians*. Louisville KY: Westminster John Knox Press.

Haspel, Michael. 2006. Menschenrechte, internationale Verteilungsgerechtigkeit und institutionalisierte Konfliktregelung. Perspektiven für die Weiterentwicklung von Kriterien zur Prüfung der legitimen Anwendung militärischer Gewalt. In *„What we're fighting for …" Friedensethik in der transatlantischen Debatte*, hrsg. von Gerhard Beestermöller, Michael Haspel und Uwe Trittmann, 138-155. Stuttgart: W. Kohlhammer.

Heliskoski, Joni. 2003. Fundamental Rights versus Economic Freedoms in the European Union: Which Paradigm?. In *Nordic Cosmopolitanism. Essays in International Law for Martti Koskenniemi*, hrsg. von Jarna Petman und Jan Klabbers, 417-443. Leiden: Martinus Nijhoff Publishers.

Hewitt, Lyndi. 2017. Collective Behavior and Social Movements. In *Movements for Human Rights. Locally and Globally*, hrsg. von David L. Brunsma, Keri E. Iyall Smith und Brian K. Gran, 42-50. London: Routledge.

Hilpert, Konrad. 1991. *Die Menschenrechte. Geschichte – Theologie – Aktualität*. Düsseldorf: Patmos.

Hinsch, Wilfried und Dieter Janssen. 2006. *Menschenrechte militärisch schützen. Ein Plädoyer für humanitäre Interventionen*. München: C. H. Beck.

Huber, Wolfgang und Heinz Eduard Tödt. 1988. *Menschenrechte. Perspektiven einer menschlichen Welt.* 3. Aufl. München: Chr. Kaiser.
Hunt, Lynn. 2007. *Inventing Human Rights. A History.* New York: W. W. Norton & Company.
ICISS. 2001. The Responsibility to Protect. Report of the International Commission on Intervention and State Sovereignty. Ottawa: International Development Research Centre. http://responsibilitytoprotect.org/ICISS%20Report.pdf. Zugegriffen: 6. Mai 2018.
Ignatieff, Michael. 2000. *Die Zivilisierung des Krieges. Ethnische Konflikte, Menschenrechte, Medien.* Hamburg: Rotbuch Verlag.
International Labour Office. 1977. *Meeting basic needs. Strategies for eradicating mass poverty and unemployment. Conclusions of the World Employment Conference 1976.* Genf: International Labour Office.
Jellinek, Georg. 1919. *Die Erklärung der Menschen- und Bürgerrechte. Ein Beitrag zur modernen Verfassungsgeschichte.* 3. Aufl. München: Duncker & Humblot.
Joas, Hans. 2011. *Die Sakralität der Person. Eine neue Genealogie der Menschenrechte.* Berlin: Suhrkamp.
Khan, Daniel-Erasmus. 2015. Der Krieg: ein menschenrechtlicher Ausnahmezustand? In *Zur Praxis der Menschenrechte. Formen, Potenziale und Widersprüche*, hrsg. von Michael Reder und Mara-Daria Cojocaru, 66-84. Stuttgart: Kohlhammer.
Kirchenamt der EKD und Sekretariat der DBK (Hrsg.). 1997. *„… und der Fremdling, der in deinen Toren ist." Gemeinsames Wort der Kirchen zu den Herausforderungen durch Migration und Flucht.* Bonn: Sekretariat der DBK.
Kirchenkanzlei der EKD (Hrsg.). 1979. *Die Menschenrechte im ökumenischen Gespräch. Beiträge der Kammer der Evangelischen Kirche in Deutschland für öffentliche Verantwortung.* Gütersloh: Gütersloher Verlagshaus.
Kirchschläger, Peter G. 2016. *Menschenrechte und Religionen. Nichtstaatliche Akteure und ihr Verhältnis zu den Menschenrechten.* Paderborn: Ferdinand Schöningh.
Kleffner, Jann K. 2008. From Here to There … and the Law in the Middle. In *Jus Post Bellum. Towards a Law of Transition From Conflict to Peace*, hrsg. von Carsten Stahn und Jann K. Kleffner, 1-5. Den Haag: T.M.C. Asser Press.

Klein Goldewijk, Berma und Bastiaan de Gaay Fortman. 1999. *Where Needs Meet Rights. Economic, Social and Cultural Rights in a New Perspective*. Genf: WCC Publications.

Koch, Bernhard. 2009. Neuere Diskussionen um das *ius in bello* in ethischer Perspektive. In *Gerechter Krieg – gerechter Frieden. Religionen und friedensethische Legitimationen in aktuellen militärischen Konflikten*, hrsg. von Ines-Jacqueline Werkner und Antonius Liedhegener, 109-132. Wiesbaden: VS Verlag für Sozialwissenschaften.

Kohl, Bernhard. 2013. Zur Bedeutung der Menschenwürde in theologischer Perspektive. In *Menschenwürde. Impulse zum Geltungsanspruch der Menschenrechte*, hrsg. von der Deutschen Kommission Justitia et Pax, 71-80. Bonn. Justitia et Pax.

Koskenniemi, Martti. 2001. *The Gentle Civilizer of Nations. The Rise and Fall of International Law 1870-1960*. Cambridge: Cambridge University Press.

Kunter, Katharina. 2010. Der lange Weg zur Anerkennung: Die Kirchen und die Menschenrechte nach 1945. In *Religion, Menschenrechte und Menschenrechtspolitik*, hrsg. von Antonius Liedhegener und Ines-Jacqueline Werkner, 153-174. Wiesbaden: Springer VS.

Lacher, Wolfram. 2007. Iraq: Exception to, or Epitome of Contemporary Post-conflict Reconstruction? *International Peacekeeping* 14 (2): 237-250.

Lederach, John Paul. 1995. *Preparing for Peace. Conflict Transformation Across Cultures*. Syracuse, NY: Syracuse University Press.

Lévinas, Emmanuel. 1976. *Difficile liberté. Essais sur le judaïsme*. 3. Aufl. Paris: Albin Michel.

Lévinas, Emmanuel. 1992. *Ethik und Unendliches. Gespräche mit Philippe Nemo*, hrsg. von Peter Engelmann. 2. Aufl. Wien: Edition Passagen.

Little, David. 2006. Just War and Just Peace: The Role of Human Rights in Preventing Violent Conflict and Sustaining Peace. In *„What we're fighting for …" Friedensethik in der transatlantischen Debatte*, hrsg. von Gerhard Beestermöller, Michael Haspel und Uwe Trittmann, 71-80. Stuttgart: W. Kohlhammer.

Lohmann, Friedrich. 2002. Die Bedeutung der dogmatischen Rede von der „creatio ex nihilo". *Zeitschrift für Theologie und Kirche* 99 (2): 196-225.

Lohmann, Friedrich. 2007. Ethik, Anthropologie und Metaphysik. In *Metaphysik und Religion. Die Wiederentdeckung eines Zusammen-*

hanges, hrsg. von Hermann Deuser, 264-283. Gütersloh: Gütersloher Verlagshaus.

Lohmann, Friedrich. 2010a. Die Bedeutung des Protestantismus für die Menschenrechtserklärungen der Moderne. In *Religion, Menschenrechte und Menschenrechtspolitik*, hrsg. von Antonius Liedhegener und Ines-Jacqueline Werkner, 126-152. Wiesbaden: Springer VS.

Lohmann, Friedrich. 2010b. Die Bedeutung wirtschaftlicher und sozialer Rechte in theologischer Perspektive. *epd-Dokumentation* 42 vom 19.10.2010: 7-14.

Lohmann, Friedrich. 2012. Hermann Cohen: Der Monotheismus und der ethische Universalismus des Judentums. In *Mazel tov. Interdisziplinäre Beiträge zum Verhältnis von Christentum und Judentum. Festschrift anlässlich des 50. Geburtstages des Instituts Kirche und Judentum*, hrsg. von Markus Witte und Tanja Pilger, 489-506. Leipzig: Evangelische Verlagsanstalt.

Lohmann, Friedrich. 2015a. Die Natur der Natur. Welches Naturverständnis setzt die Naturrechtsethik voraus? In *Was heißt Natur? Philosophischer Ort und Begründungsfunktion des Naturbegriffs*, hrsg. von Elisabeth Gräb-Schmidt, 13-53. Leipzig: Evangelische Verlagsanstalt.

Lohmann, Friedrich. 2015b. Abusus non tollit usum. Warum der Naturrechtsgedanke weiterhin sinnvoll und notwendig ist. In *Natur des Menschen. Brauchen die Menschenrechte ein Menschenbild?*, hrsg. von Daniel Bogner und Cornelia Mügge, 83-108. Fribourg: Academic Press Fribourg.

Lohmann, Friedrich. 2017. Die friedensethische Bedeutung der Kategorie Gerechtigkeit. In *Handbuch Friedensethik,* hrsg. von Ines-Jacqueline Werkner und Klaus Ebeling, 151-161. Wiesbaden: Springer VS.

Lovell, David W. und Igor Primoratz. 2012. *Protecting Civilians During Violent Conflict. Theoretical and Practical Issues for the 21st Century.* Farnham/Burlington, VT: Ashgate.

Luther, Martin. 1914 [1540?]. Ein kurzer Trostzettel für die Christen, daß sie im Gebet sich nicht irren lassen. In *Werke. Kritische Gesamtausgabe* 51, 454-457. Weimar: Hermann Böhlaus Nachfolger.

Marauhn, Thilo. 2003. Das Grundrecht auf Zugang zu den Leistungen der sozialen Sicherheit – Anmerkungen zur Normkategorie der sozialen Grundrechte. In *Erweitertes Grundrechtsverständnis. Internationale Rechtsprechung und nationale Entwicklungen – EGMR, EuGH, Ös-*

terreich, Deutschland, Schweiz, hrsg. von Franz Matscher, 247-288. Arlington, VA: N. P. Engel Verlag.

Maus, Ingeborg. 2015. Verfassung oder Vertrag. Zur Verrechtlichung globaler Politik. In *Menschenrechte, Demokratie und Frieden. Perspektiven globaler Organisation,* hrsg. von Ingeborg Maus, 81-121. Frankfurt a. M.: Suhrkamp.

May, Larry. 2007. *War Crimes and Just War.* Cambridge: Cambridge University Press.

McAuliffe, Padraig. 2017. *Transformative Transitional Justice and the Malleability of Post-Conflict States.* Cheltenham, UK: Edward Elgar Publishing.

McMahan, Jeff. 2009. *Killing in War.* Oxford: Oxford University Press.

Menke, Christoph. 2015. *Kritik der Rechte.* Berlin: Suhrkamp.

Menozzi, Daniele. 2018. Katholische Kirche und Menschenrechte. Von der Französischen Revolution bis zur Gegenwart. In *Menschenrechte in der katholischen Kirche. Historische, systematische und praktische Perspektiven,* hrsg. von Martin Baumeister, Michael Böhnke, Marianne Heimbach-Steins und Saskia Wendel, 89-101. Paderborn: Ferdinand Schöningh.

Merrills, J. G. und A. H. Robertson. 2001. *Human Rights in Europe. A study of the European Convention on Human Rights.* 4. Aufl. Manchester: Manchester University Press.

Morsink, Johannes. 1999. *The Universal Declaration of Human Rights. Origins, Drafting, and Intent.* Philadelphia, PA: University of Pennsylvania Press.

Morsink, Johannes. 2009. *Inherent Human Rights. Philosophical Roots of the Universal Declaration.* Philadelphia, PA: University of Pennsylvania Press.

Moyn, Samuel. 2010. *The Last Utopia. Human Rights in History.* Cambridge, MA: The Belknap Press of Harvard University Press.

Murphy, Colleen. 2017. *The Conceptual Foundations of Transitional Justice.* Cambridge: Cambridge University Press.

Neitzel, Sönke und Daniel Hohrath (Hrsg.). 2008. *Kriegsgreuel. Die Entgrenzung der Gewalt in kriegerischen Konflikten vom Mittelalter bis ins 20. Jahrhundert.* Paderborn: Ferdinand Schöningh.

Newlands, George M. 2006. *Christ and Human Rights. The Transformative Engagement.* Aldershot, UK: Ashgate.

Novak, David. 2017. The Universality of Jewish Ethics. A Rejoinder to Secularist Critics. In *Jewish Justice. The Contested Limits of Nature, Law, and Covenant,* hrsg. von David Novak, 141-164. Waco, TX: Baylor University Press.

Ockinga, Boyo. 1984. *Die Gottebenbildlichkeit im alten Ägypten und im Alten Testament.* Wiesbaden: Otto Harrassowitz.

Opel, Daniela. 2010. *Hiobs Anspruch und Widerspruch. Die Herausforderungsreden Hiobs (Hi 29-31) im Kontext frühjüdischer Ethik.* Neukirchen-Vluyn: Neukirchener Verlagsgesellschaft.

Orend, Brian. 2000. *Michael Walzer on War and Justice.* Cardiff: University of Wales Press.

Orend, Brian. 2016. The Next Geneva Convention: Filling a Law-of-War Gap with Human Rights Values. In *Theoretical Boundaries of Armed Conflict and Human Rights,* hrsg. von Jens David Ohlin, 363-397. Cambridge: Cambridge University Press.

Otto, Eckart. 1999. *Krieg und Frieden in der Hebräischen Bibel und im Alten Orient. Aspekte für eine Friedensordnung in der Moderne.* Stuttgart: Kohlhammer.

Otto, Eckart. 2001. „Menschenrechte" im Alten Orient und im Alten Testament. In *Altorientalische und biblische Rechtsgeschichte. Gesammelte Studien,* hrsg. von Otto Eckart, 120-153. Wiesbaden: Harrassowitz.

Pasqualucci, Jo M. 2008. The Right to a Dignified Life (Vida Digna). The Integration of Social and Economic Rights with Civil and Political Rights in the Inter-American Human Rights System. *Hastings International and Comparative Law Review* 31 (1): 1-32.

Paz, Reut Yael. 2013. *A Gateway between a Distant God and a Cruel World. The Contribution of Jewish German-Speaking Scholars to International Law.* Leiden: Martinus Nijhoff Publishers.

Pendas, Devin O. 2010. Auf dem Weg zu einem globalen Rechtssystem? Die Menschenrechte und das Scheitern des legalistischen Paradigmas des Krieges. In *Moralpolitik. Geschichte der Menschenrechte im 20. Jahrhundert,* hrsg. von Stefan-Ludwig Hoffmann, 226-255. Göttingen: Wallstein Verlag.

Philpott, Daniel. 2012. *Just and Unjust Peace. An Ethic of Political Reconciliation.* Oxford: Oxford University Press.

Pogge, Thomas. 2008. *World Poverty and Human Rights. Cosmopolitan Responsibilities and Reforms.* 2. Aufl. Cambridge: Polity Press.

Porter, Jean. 2005. *Nature as Reason. A Thomistic Theory of the Natural Law.* Grand Rapids, MI: Eerdmans.

Ratner, Steven R. 1997. *The New UN Peacekeeping. Building Peace in Lands of Conflict After the Cold War.* Basingstoke, UK: Macmillan.

Reinhardt, Volker. 2009. *Die Tyrannei der Tugend. Calvin und die Reformation in Genf.* München: C.H. Beck.

Rendtorff, Trutz. 1991. *Ethik. Grundelemente, Methodologie und Konkretionen einer ethischen Theologie. Bd. II.* 2. Aufl. Stuttgart: Kohlhammer.

Reuter, Hans-Richard. 2012. Terrorismus und rechtserhaltende Gewalt. Grenzen des Antiterrorismus aus ethischer Sicht. In *Gewalt und Gewalten. Zur Ausübung, Legitimität und Ambivalenz rechtserhaltender Gewalt,* hrsg. von Torsten Meireis, 11-29. Tübingen: Mohr Siebeck.

Richmond, Oliver P. 2014a. The Impact of Socio-Economic Inequality on Peacebuilding and Statebuilding. In *Civil Wars* 16 (4): 449-467.

Richmond, Oliver P. 2014b. *Failed Statebuilding. Intervention and the Dynamics of Peace Formation.* New Haven, CT: Yale University Press.

Richmond, Oliver P. 2016. *Peace Formation and Political Order in Conflict Affected Societies.* Oxford: Oxford University Press.

Richmond, Oliver P. und Jason Franks. 2009. *Liberal Peace Transitions. Between Statebuilding and Peacebuilding.* Edinburgh: Edinburgh University Press.

Richmond, Oliver P. und Sandra Pogodda (Hrsg.). 2016. *Post-Liberal Peace Transitions. Between Peace Formation and State Formation.* Edinburgh: Edinburgh University Press.

Ritschl, Dietrich. 1986. Der Beitrag des Calvinismus für die Entwicklung des Menschenrechtsgedankens in Europa und Nordamerika. In *Konzepte. Ökumene, Medizin, Ethik. Gesammelte Aufsätze,* hrsg. von Dietrich Ritschl, 301-315. München: Chr. Kaiser Verlag.

Ritschl, Dietrich und Hugh O. Jones. 1976. *„Story" als Rohmaterial der Theologie.* München: Chr. Kaiser Verlag.

Rogers, A. P. V. 2000. Zero-casualty warfare. *International Review of the Red Cross* 82 (837): 165-181. https://www.icrc.org/eng/resources/documents/article/other/57jqcu.htm. Zugegriffen: 14. Mai 2018.

Rowe, Peter. 2006. *The Impact of Human Rights Law on Armed Forces.* Cambridge: Cambridge University Press.

Rupesinghe, Kumar. 1995. Conflict Transformation. In *Conflict Transformation,* hrsg. von Kumar Rupesinghe, 65-92. Basingstoke, UK: Macmillan Press.

Rupprecht, Johanna. 2003. *Frieden durch Menschenrechtsschutz. Strategien der Vereinten Nationen zur Verwirklichung der Menschenrechte weltweit*. Baden-Baden: Nomos.

Sander, Hans-Joachim. 1999. *Macht in der Ohnmacht. Eine Theologie der Menschenrechte*. Freiburg i. Br.: Herder.

Sands, Philippe. 2016. *East West Street. On the Origins of "Genocide" and "Crimes Against Humanity"*. New York: Alfred A. Knopf.

Schaffer, Kay und Sidonie Smith. 2004. *Human Rights and Narrated Lives: The Ethics of Recognition*. New York: Palgrave Macmillan.

Schmid, Evelyne und Aoife Nolan. 2014. "Do No Harm"? Exploring the Scope of Economic and Social Rights in Transitional Justice. *International Journal of Transitional Justice* 8 (3): 362-382.

Schmidt, Werner H. 1986. *Alttestamentlicher Glaube in seiner Geschichte*. 5. Aufl. Neukirchen-Vluyn: Neukirchener Verlag.

Shue, Henry. 1980. *Basic Rights. Subsistence, Affluence, and U.S. Foreign Policy*. Princeton, NJ: Princeton University Press.

Slotte, Pamela. 2015. "Blessed are the peacemakers": Christian internationalism, ecumenical voices and the quest for human rights. In *Revisiting the Origins of Human Rights*, hrsg. von Pamela Slotte and Miia Halme-Tuomisaari, 293-329. Cambridge: Cambridge University Press.

Sölle, Dorothee. 1990. Feministische Befreiungstheologie. In *Gott denken. Einführung in die Theologie*, hrsg. von Dorothee Sölle, 95-105. Stuttgart: Kreuz Verlag.

Springhart, Heike. 2016. *Der verwundbare Mensch. Sterben, Tod und Endlichkeit im Horizont einer realistischen Anthropologie*. Tübingen: Mohr Siebeck.

Stamatov, Peter. 2013. *The Origins of Global Humanitarianism. Religion, Empires, and Advocacy*. New York: Cambridge University Press.

Stetter, Stephan. 2013. Weltpolitische Veränderungen nach dem Ende des Kalten Krieges. In *Handbuch Militärische Berufsethik. Bd. 1: Grundlagen*, hrsg. von Thomas Bohrmann, Karl-Heinz Lather und Friedrich Lohmann, 217-235. Wiesbaden: Springer VS.

Stevenson, Nick. 2017. *Human Rights and the Reinvention of Freedom*. London: Routledge.

Štica, Petr. 2018. Migrationsethik – theologische Optionen und menschenrechtliche Potentiale. In *Menschenrechte in der katholischen Kirche. Historische, systematische und praktische Perspektiven*, hrsg.

von Martin Baumeister, Michael Böhnke, Marianne Heimbach-Steins und Saskia Wendel, 267-281. Paderborn: Ferdinand Schöningh.

Swidler, Leonard. 1974. Jesu Begegnung mit Frauen: Jesus als Feminist. In *Menschenrechte für die Frau. Christliche Initiativen zur Frauenbefreiung*, hrsg. von Elisabeth Moltmann-Wendel, 130-146. München: Chr. Kaiser Verlag.

Taylor, Charles. 1985. Atomism. In *Philosophy and the Human Sciences. Philosophical Papers 2*, hrsg. von Charles Taylor, 187-210. Cambridge: Cambridge University Press.

Teitel, Ruti G. 2000. *Transitional Justice*. Oxford: Oxford University Press.

Tierney, Brian. 1997. *The Idea of Natural Rights. Studies on Natural Rights, Natural Law, and Church Law: 1150–1625*. Atlanta, GA: Scholars Press.

Timmer, Alexandra. 2013. A Quiet Revolution: Vulnerability in the European Court of Human Rights. In *Vulnerability. Reflections on a New Ethical Foundation for Law and Politics*, hrsg. von Martha Albertson Fineman und Anna Grear, 147-170. Abingdon, UK: Routledge.

Uertz, Rudolf. 2005. *Vom Gottesrecht zum Menschenrecht. Das katholische Staatsdenken in Deutschland von der Französischen Revolution bis zum II. Vatikanischen Konzil (1789-1965)*. Paderborn: Ferdinand Schöningh.

United Nations. 2000. Report of the Panel on United Nations Peace Operations. http://www.un.org/en/ga/search/view_doc.asp?symbol=A/55/305. Zugegriffen: 4. Mai 2018.

United Nations. 2010. Guidance Note of the Secretary-General: United Nations Approach to Transitional Justice. New York: United Nations. https://www.un.org/ruleoflaw/files/TJ_Guidance_Note_March_2010FINAL.pdf. Zugegriffen: 29. Mai 2018.

United Nations Department of Peacekeeping Operations. 2010 [2008]. United Nations Peacekeeping Operations. Principles and Guidelines. New York: United Nations. https://www.un.org/ruleoflaw/files/Capstone_Doctrine_ENG.pdf. Zugegriffen: 13. Mai 2018.

United Nations Department of Peacekeeping Operations and Department of Field Support. 2009. A New Partnership Agenda. Charting a New Horizon for UN Peacekeeping. New York: United Nations. https://www.globalpolicy.org/images/pdfs/Security_Council/full_report.pdf. Zugegriffen: 7. Mai 2018.

United Nations General Assembly. 2005. Resolution adopted by the General Assembly on 16 September 2005. 2005 World Summit Outcome. New York: United Nations. http://www.un.org/en/development/desa/population/migration/generalassembly/docs/globalcompact/A_RES_60_1.pdf. Zugegriffen: 7. Mai 2018.

United Nations General Assembly. 2006. Overview of the financing of the United Nations peacekeeping operations: budget performance for the period from 1 July 2004 to 30 June 2005 and budget for the period from 1 July 2006 to 30 June 2007. Report of the Secretary-General. United Nations: New York. https://undocs.org/en/A/60/696. Zugegriffen: 7. Mai 2018.

United Nations General Assembly/Security Council. 2015. Report of the High-level Independent Panel on Peace Operations on uniting our strengths for peace: politics, partnership and people. New York: United Nations. https://undocs.org/A/70/95. Zugegriffen: 13. Mai 2018.

United Nations Office of the High Commissioner for Human Rights. 2014. Transitional Justice and Economic, Social and Cultural Rights. New York/Geneva: United Nations. http://www.ohchr.org/Documents/Publications/HR-PUB-13-05.pdf. Zugegriffen: 29. Mai 2018.

United Nations Peacebuilding Support Office. 2012. Resource Mobilisation for Peacebuilding Priorities: The Role of the Peacebuilding Commission (PBC). New York: United Nations. http://www.un.org/en/peacebuilding/pdf/resource_mobilization_paper.pdf. Zugegriffen: 13. Mai 2018.

United Nations Secretary-General. 1992. An Agenda for Peace. Preventive diplomacy, peacemaking and peace-keeping. Report of the Secretary-General pursuant to the statement adopted by the Summit Meeting of the Security Council on 31 January 1992. New York: United Nations. http://www.un-documents.net/a47-277.htm. Zugegriffen: 30. Juni 2018.

United Nations Security Council. 2000. Resolution 1327. New York: United Nations. https://www.globalpolicy.org/images/pdfs/res1327.pdf. Zugegriffen: 6. Mai 2018.

United Nations Security Council. 2001. No exit without strategy: Security Council decision-making and the closure or transition of United Nations peacekeeping operations. Report of the Secretary-General. New York: United Nations. https://www.globalpolicy.org/images/pdfs/0420sgreport.pdf. Zugegriffen: 7. Mai 2018.

Vögele, Wolfgang. 1999. Christliche Elemente in der Begründung von Menschenrechten und Menschenwürde im Kontext der Entstehung der Vereinten Nationen. In *Ethik der Menschenrechte. Zum Streit um die Universalität einer Idee I*, hrsg. von Hans-Richard Reuter, 103-133. Tübingen: Mohr Siebeck.

Volp, Ulrich. 2006. *Die Würde des Menschen. Ein Beitrag zur Anthropologie in der Alten Kirche*. Leiden: Brill.

Waldorf, Lars. 2012. Anticipating the Past. Transitional Justice and Socio-Economic Wrongs. *Social and Legal Studies* 21 (2): 171-186.

Waldron, Jeremy. 2010. The Image of God. Rights, Reason, and Order. In *Christianity and Human Rights. An Introduction*, hrsg. von John Witte, Jr. und Frank S. Alexander, 216-235. Cambridge: Cambridge University Press.

Walter, Christian. 2015. Eingreifen zum Schutz der Menschenrechte? Die Konflikte in Libyen und Syrien und das moderne Völkerrecht. In *Kirche und Krieg. Ambivalenzen in der Theologie*, hrsg. von Friedemann Stengel und Jörg Ulrich, 197-212. Leipzig: Evangelische Verlagsanstalt.

Walzer, Michael. 2001. Universalism and Jewish Values. Twentieth Annual Morgenthau Memorial Lecture on Ethics and Foreign Policy. https://www.carnegiecouncil.org/publications/archive/morgenthau/114. Zugegriffen: 28. April 2018.

Walzer, Michael. 2004a [1988]. Emergency Ethics. In *Arguing about War*, hrsg. von Michael Walzer, 33-50. New Haven, CT: Yale University Press.

Walzer, Michael. 2004b [2002]. The Triumph of Just War Theory (and the Dangers of Success). In *Arguing about War*, hrsg. von Michael Walzer, 3-22. New Haven, CT: Yale University Press.

Walzer, Michael. 2006 [1977]. *Just And Unjust Wars. A Moral Argument With Historical Illustrations*. 4. Aufl. New York: Basic Books.

Wilde, Ralph. 2008. Are Human Rights Norms Part of the Jus Post Bellum, and Should they Be? In *Jus Post Bellum. Towards a Law of Transition From Conflict to Peace*, hrsg. von Carsten Stahn und Jann K. Kleffner, 163-186. Den Haag: T.M.C. Asser Press.

Witte, Jr., John. 2007. *The Reformation of Rights. Law, Religion, and Human Rights in Early Modern Calvinism*. Cambridge: Cambridge University Press.

Wittreck, Fabian. 2013. *Christentum und Menschenrechte. Schöpfungs- oder Lernprozeß?* Tübingen: Mohr Siebeck.

World Council of Churches (WCC) (Hrsg.). 2013. Human Rights of Stateless People. Report of the International Consultation "Towards an Ecumenical Advocacy on Rights of Stateless People". Genève: WCC Publications. https://www.oikoumene.org/en/resources/documents/

wcc-programmes/public-witness/statelessness/human-rights-of-stateless-people. Zugegriffen: 30. April 2018.
Ziolkowski, Katharina. 2008. *Gerechtigkeitspostulate als Rechtfertigung von Kriegen. Zum Einfluss moderner Konzepte des Gerechten Krieges auf die völkerrechtliche Zulässigkeit zwischenstaatlicher Gewaltanwendung nach 1945*. Baden-Baden: Nomos.

II
Repliken

Zur theologisch-ethischen Verankerung von Menschenrechten

Daniel Bogner

Das Anliegen, das den Überlegungen von Friedrich Lohmann zugrunde liegt, ist voll zu unterstützen: Wenn von christlicher Seite aus die Menschenrechte als genuiner Ausdruck und Konsequenz des christlichen Glaubens verstanden werden, dann bedarf es so etwas wie einer grundständigen Theologie der Menschenrechte.

Ein solches Unterfangen hat mehrere Aufgaben zu bewältigen: zum einen ist nach den semantischen Schnittmengen zwischen biblischem Ethos und den modernen Menschenrechten zu fragen. Fokussiert werden müsste aber zum anderen auch auf den epistemologischen Rahmen der Fragestellung. Dazu gehört die Frage, inwiefern der gesellschaftliche Rahmen und das Verständnis von Recht und Staat in biblisch-altorientalischer Zeit und zeitgenössischer Gegenwart überhaupt aufeinander bezogen werden können. Auch wenn der Begriff „Recht" im biblischen Ethos eine wichtige Rolle spielt, so wird man doch nur mit viel Vorsicht aus diesem Verwendungskontext direkte Parallelen zu gegenwärtigen Rechtsbegriffen und dem Rechtsverständnis, das den Menschenrechten zugrunde liegt, ziehen können.

© Springer Fachmedien Wiesbaden GmbH, ein Teil von Springer Nature 2019
S. Jäger und F. Lohmann (Hrsg.), *Eine Theologie der Menschenrechte*,
Gerechter Frieden, https://doi.org/10.1007/978-3-658-23169-9_4

Nach einem ersten Teil, in dem sich Lohmann mit den kirchlichen Friedensschriften befasst und feststellt, dass darin die Menschenrechtsperspektive nur halbherzig aufgegriffen und entfaltet wird, kommt er im zweiten Teil zur zentralen Frage: „Gibt es ein spezifisch christliches Menschenrechtskonzept?" Im Folgenden sollen nun sowohl zur thematischen Aussage Lohmanns, als auch zur Hermeneutik der Fragestellung einige kritische Bemerkungen gemacht werden. Diese stellen allerdings keineswegs den Ansatz Lohmanns infrage, sondern suchen nach notwendigen Klärungen, um sein Anliegen noch besser zu Gehör zu bringen.

Lohmann sieht das Spezifische des christlich-jüdischen Menschenrechtsdenkens in der Fokussierung auf die *personae miserae*, die sich besonders in den Schutzbestimmungen (*mischpat*) der Bibel gegenüber Armen, Weisen und Witwen, generell gegenüber den von sozialer Exklusion bedrohten Personengruppen der Gemeinschaft ausdrückt. Das Bedürfniswesen Mensch steht hier im Vordergrund, nicht in erster Linie das Mängel-, Freiheits- oder Möglichkeitswesen. Der Mensch wird hier primär von seinen körperlichen Bedürfnissen als Grundlage aller weiteren Freiheitsvollzüge in den Blick genommen, Subsistenzsicherung als die Grundlage jeder sozialen und individuellen Handlungsmöglichkeit festgestellt. Nun könnte man an diese Optik die Rückfrage stellen, ob sich die damit konstruierte Gegenüberstellung von notwendigen Schutz- und systematisch ausgelegten Freiheitsrechten halten lässt.

Auch in den menschenrechtlichen Dokumenten werden beide Dimensionen menschlicher Freiheit ja in Beziehung gesetzt und aufeinander bezogen, etwa indem die bürgerlich-politischen und die wirtschaftlich-sozial-kulturellen Rechte der beiden Menschenrechtspakte der UN von 1966 in der Auslegung durch deren Vertragskörperschaften jeweils im reziproken Bezug zueinander wahrgenommen werden. Generell wird man sagen: Natürlich bedarf es einer Grundabsicherung gegen existenzielle Marginalisierung und Exklusion. Aber damit ist nur der erste Schritt eines menschenrechtlichen Gesellschaftsmodells getan, das bezüglich umfassender weiterer Handlungsfelder und Existenzformen nach und nach zu entfalten ist.

Darüber hinaus stellt sich die Frage: Gelingt die Vermittlung von Friedensethik und Menschenrechten mit einer solchen Perspektive auf die Menschenrechte wirklich? Wie wird beides in Bezug zueinander gesetzt? Hier gilt wie oben: Bedarf es für eine menschenrechtlich fundierte Gesellschaftsordnung, die ja das Ziel der Überwindung von Krieg und Gewalt ist, nicht einer umfassenderen Perspektive auf diese Rechte, welche die Schutzfunktion der Menschenrechte weit überragt? Sie sollten vielmehr als Elemente einer Grammatik in den Blick genommen werden, mit denen eine gesellschaftliche Ordnung konstruiert werden kann, die – so die Hoffnung und Erwartung – präventiv eher für Frieden sorgt als dies unfreiheitliche Ordnungen vermögen. Dann allerdings dürfte man sich nicht allein auf den Schutzcharakter des Rechts gegenüber den von Marginalisierung Betroffenen beschränken, sondern viel umfassender die Menschenrechte als Strukturmoment allen Rechts insgesamt betrachten. Wie aber wäre eine solche Funktion der Menschenrechte wiederum theologisch zu erschließen oder zumindest zu würdigen? Eine Richtung, in welche diese Gedanken fortzuführen wären, soll hier zumindest angedeutet werden: das Recht wäre noch enger, als Lohmann dies in seinem Text tut, in unmittelbarer Nähe und als Instrument der *Gerechtigkeit* zu verstehen und auszulegen.

Eine zweite Anmerkung betrifft die Hermeneutik der Überlegungen zu einer Theologie der Menschenrechte. Lohmann fragt nach einem spezifisch christlichen Menschenrechtskonzept. Nun drängt sich die Rückfrage auf: Kann es so etwas überhaupt geben? Es scheint, dass hier große Vorsicht geboten ist, um den Eindruck zu vermeiden, es gebe neben einer allgemeinen auch eine spezifisch christliche Variante von Menschenrechten. Nicht ein besonderes Verständnis des sachlichen Gehalts dieser Rechte macht den christlichen Zugang zu den Menschenrechten aus, sondern eher eine besondere Perspektive, die in Bezug auf Erfahrungsfelder und Betroffenengruppen (eben die *personae miserae*) eingenommen werden kann. Vom biblischen Ethos her interessiert sich die christliche Perspektive eben *in besonderer Weise* für die von sozialer Exklusion bedrohten Personengruppen! Dann wäre zu sagen: Auch in christlicher Sicht bleiben die Menschenrechte von ihrem semantischen Gehalt her jene allgemeinen Menschenrechte, mit denen ethisch universalisierbare Geltungsansprüche weltanschauungsneutral als rechtliche Elemente gesellschaftlich-politischer Gestaltung angeboten werden. Spezifisch christlich ist allerdings die Fokussierung auf bestimmte Rechte und die daraus hervorgehende Emphase und Nachhaltigkeit, mit der man von christlicher Seite aus nicht alle Menschenrechtsansprüche gleichermaßen vertritt. Hierin bereits, wie Lohmann dies vorschlägt, ein eigenes „Menschenrechtskonzept" zu sehen, würde ich nicht wagen. Eher handelt es sich meines Erachtens um eine Leseweise, also eine Hermeneutik der nicht anders als allgemein zu nennenden Menschenrechte.

Frieden und Menschenrechte in der Praxis der Vereinten Nationen
Ein Recht auf Frieden?

Wolfgang S. Heinz

1 Einleitung

Friedrich Lohmann fragt nach der Relevanz eines theoretischen oder praktischen Rekurses auf die Menschenrechte im Kontext von politischen Konflikten und Friedensverantwortung. Ihm ist zuzustimmen, dass in den letzten Jahrzehnten die Menschenrechtsdimension in der UN-Bearbeitung von Gewaltkonflikten erheblich zugenommen hat, insbesondere im UN Sicherheitsrat als Folge der Bürgerkriege in Ex-Jugoslawien (dieser ist kein Menschenrechtsgremium der UN). Im Unterschied zu fast allen traditionellen UN-Friedensmissionen seit den 1950er-Jahren sahen sich die Vereinten Nationen auf einmal nicht mehr Grenzkonflikten gegenüber, bei denen die Einhaltung von Waffenstillstandsabkommen zu beobachten waren, sondern Kriegen im Inneren eines Landes, zwischen nichtstaatlichen Gewaltakteuren und Regierungseinheiten mit einer stark betroffenen Zivilbevölkerung. Die umfassenden und schwerwiegenden Menschenrechtsverletzungen, besonders auch Massenvergewaltigungen, in diesem Konflikt sind bekannt.

Der Autor behandelt auch ethische Rechtfertigungen militärischer Intervention am Beispiel der Schutzverantwortung und für Entwicklungen im humanitären Völkerrecht. In einem folgenden weiteren Teil wird die Frage, warum es ein so kritisches Verhältnis zwischen christlicher Theologie und Menschenrechtsideen gegeben hat, reflektiert, schließlich die EKD-Denkschrift von 2007 und das römisch-katholische Bischofswort von 2000. Zu den theologischen Ausführungen des Autors kann ich kaum etwas beitragen, Diskussionen zum Verhältnis zwischen Frieden und Menschenrechten in den Vereinten Nationen habe ich jedoch verfolgt und möchte deshalb hierzu einige Anmerkungen machen, umso mehr als diese in der weiteren Argumentation des Verfassers nicht Thema sind.

2   Die Problematik

Bei den Vereinten Nationen hat sich bisher kein allgemein konsentierter Begriff von Frieden herausgebildet, auch wenn in einer großen Zahl von Beiträgen und Resolutionen auf Frieden immer wieder Bezug genommen wird (vgl. Harfensteller 2012). Die Beziehungen zwischen Menschenrechten und Frieden sind noch wenig aufgearbeitet (vgl. Bailliet und Larsen 2015, Heinz 2011a).

Das Vorhaben, ein Recht auf Frieden konzeptionell genauer zu fassen, steht zahlreichen Problemen und Herausforderungen gegenüber. Zunächst scheinen die Probleme erst einmal zu überwiegen. Denn von was für einem Verständnis von Frieden, das weitgehend geteilt wird unter den UN-Mitgliedsstaaten, kann man, sollte man ausgehen? Wer soll – in menschenrechtlicher Perspektive – mit diesem Recht ausgestattet werden, Individuen, Gruppen, Völker, andere Akteure? Wer wäre Pflichtenträger, vor allem oder ausschließlich Staaten, auch internationale Organisationen oder weitere Akteure? Und wenn man in diesem Rahmen argumentiert, welche

Standards lassen sich benennen oder begründen, die sowohl einen klaren Bezug zu Frieden aufweisen als auch spezifisch und umsetzbar sind für die entsprechenden Pflichtenträger, einschließlich möglicher Beschwerdemechanismen? Die Forderung nach einer Abschaffung von Streitkräften und von Waffen ist natürlich ein möglicher Ansatz, nur bisher kein realistischer Vorschlag in der internationalen Staatenwelt (etwa 25 Staaten haben ihre Streitkräfte aufgelöst, durchweg kleine Staaten).

In der westlich geprägten Völkerrechtswissenschaft überwiegt eine erhebliche Skepsis bis hin zur Ablehnung gegenüber Menschenrechten der dritten Generation, ein veralteteter, aber gleichwohl weit verbreiteter Begriff.[1] Hierzu werden das Recht auf Entwicklung, Frieden und eine saubere Umwelt gerechnet. Kritisiert wird bei dieser Gruppe von Rechten mangelnder Fokus, unklare Inhalte und mangelnde Klarheit in Bezug auf Rechteinhaber und Pflichtenträger (vgl. Herdegen 2015, S. 370; ausführlicher: Tomuschat 2014, S. 149ff.).

3 Diskussionen und Resolutionen in den Vereinten Nationen

Die allgemeine Diskussion über Sicherheit und Frieden findet vor allem in der Generalversammlung und, bezogen auf Ländersituationen, im Sicherheitsrat statt. Das Thema Frieden und Menschenrechte wurde prominent in der UN 1984, mit einer Resolution der Generalversammlung (GV) zu einem Recht der Völker auf Frieden. Sie verabschiedete 2016 nach Beratungen im Menschenrechtsrat, einem Nebenorgan der GV, eine Resolution

---

1 Als erste Generation werden die politischen und bürgerlichen, als zweite die wirtschaftlichen, sozialen und kulturellen Rechte bezeichnet.

zum Recht auf Frieden. Die United Nations Educational, Scientific and Cultural Organisation (UNESCO) hat sich lange Zeit mit dem Thema *peace education* beschäftigt und mit Kulturen des Friedens (vgl. UN Generalversammlung 1999, UNESCO 2008, Berliner Komitee für die UNESCO-Arbeit 2017).

4 Der UN Sicherheitsrat

Der Sicherheitsrat diskutiert kaum allgemein-konzeptionell über Frieden, sondern behandelt viele Ländersituationen, die nach seiner Auffassung eine Bedrohung oder einen Bruch des Friedens nach Kapitel VII der UN-Satzung darstellen. Er hat seit den 1990er-Jahren (Krieg in Ex-Jugoslawien) Forderungen nach Menschenrechts-, Flüchtlingsschutz und Humanitäres Völkerrecht diskutiert. Seit 1999 wurden mehr als 20 thematische Resolutionen zum Schutz der Zivilbevölkerung in bewaffneten Konflikten verabschiedet, auch zu verschiedenen Gruppen wie zum Beispiel Frauen, Kindern, Jugendlichen, Journalisten und medizinische Einrichtungen und Personal (zur Menschenrechtsdimension seiner Arbeit vgl. Heinz und Litschke 2014). In jüngster Zeit hat er sich verstärkt mit Konfliktprävention als einem eher neuen Thema befasst (vgl. Security Council Report 2017).

5 Die UN Generalversammlung

Die Generalversammlung verabschiedete mehrere Resolutionen mit dem Titel „Förderung des Friedens als vitaler Voraussetzung für den vollen Genuss aller Menschenrechte für alle Menschen". Darin werden den Staaten zwar zahlreiche einzelne Maßnahmen empfohlen, jedoch lässt sich schwer von einem Gesamtkonzept zu

Frieden oder dem Verhältnis von Frieden und Menschenrechten sprechen (z. B. UN-Generalversammlung 2014).

Zur Schutzverantwortung (*Responsibility to Protect* – R2P) werden seit der ersten Verabschiedung des Konzepts 2005 (UN-Generalversammlung 2005) Berichte des UN Generalsekretärs zur weiteren Entwicklung des Konzeptes vorgelegt, die von der GV diskutiert werden. Strittig zwischen dem Westen und einem Teil des Globalen Südens ist der Teil des Konzeptes, der auf ein militärisches Eingreifen zum Schutz der betroffenen Bevölkerung zielt, weil es als Intervention verstanden wird. Ein solches Vorgehen wird von den meisten Befürwortern von einer Entscheidung des Sicherheitsrats abhängig gemacht. Jedoch plädieren einige von ihnen dafür, dass, wenn der Sicherheitsrat in einer schwierigen Krisensituation blockiert wäre, ohne einen solchen Beschluss zu handeln sei.

Am 12. November 1984 verabschiedete die Generalversammlung eine „Erklärung über das Recht der Völker auf Frieden", mit 92 Pro-Stimmen und 34 Enthaltungen; 33 Staaten stimmten nicht ab. In dieser wird gefordert, dass

„die Staaten zur Gewährleistung dieses Rechtes [...] eine Politik betreiben müssen, die auf die Beseitigung der Kriegsgefahr, insbesondere der Gefahr eines Atomkrieges, auf den Verzicht auf die Anwendung von Gewalt in den internationalen Beziehungen und auf die friedliche Beilegung internationaler Streitigkeiten auf der Grundlage der Charta der Vereinten Nationen ausgerichtet ist" (UN Generalversammlung 1984).[2]

6 Ein Recht auf Frieden? Die Diskussion im UN-Menschenrechtsrat

---

2 Zur älteren Diskussion vgl. Tehindrazanarivelo und Kolb (2006), zur neueren Debatte Bailliet und Larsen (2015) und Witschen (2018).

Die UN-Facheinrichtungen für Menschenrechte in Genf trugen bisher konzeptionell wenig zur Friedensdiskussion bei, denn ihr Schwerpunkt liegt auf der Berichterstattung und Analyse von Ländersituationen und Menschenrechtsthemen. Der Kontakt zwischen ihnen und der UN in New York ist nicht besonders intensiv, vielmehr sind es weitgehend zwei Welten für sich.

In der langen Themenliste auf der Webseite des UN-Hochkommissariats für Menschenrechte kommt das Thema Frieden, Sicherheit oder bewaffnete Konflikte nicht vor, in der praktischen Arbeit der UN-Menschenrechtsorgane spielen sie gleichwohl eine Rolle (vgl. UN OHCHR 2018a).

2010 beauftragte der UN-Menschenrechtsrat auf Vorschlag Kubas seinen Beratenden Ausschuss (Human Rights Council Advisory Committee/HRCAC), den Entwurf für eine Erklärung der Generalversammlung zu einem Recht der Völker auf Frieden zu erarbeiten, also nicht zu *einem Recht* auf Frieden oder *einem Menschenrecht* auf Frieden. Die Diskussionen im Ausschuss fanden öffentlich über mehr als zwei Jahre hinweg, mit Beteiligung von Staatenvertretern und Nichtregierungsorganisationen, statt. 2012 übermittelte der Ausschuss seinen Entwurf an den Rat.[3] Lautete der Auftrag „Entwurf einer Erklärung des Rechts der Völker auf Frieden", wird im Entwurf wird fast durchweg von einem Recht auf Frieden gesprochen. In der Diskussion im HRCAC wurde vielfach für das Verständnis eines Menschenrechts auf Frieden eingetreten, was eine klare Markierung von Rechteinhabern und Pflichtenträgern erfordert.

In einem Fortschrittsbericht wurden 2011 mehr als 40 mögliche Standards genannt und völkerrechtliche Quellen und andere Do-

---

3   Der Verfasser war der Berichterstatter der Arbeitsgruppe Recht auf Frieden des Ausschusses (HRCAC) und dessen Vorsitzender.

kumente zur Begründung herangezogen (UN Menschenrechtsrat Beratender Ausschuss 2011). Im Entwurf wird in den meisten Artikeln das Individuum als Rechtsträger angesprochen, gelegentlich auch Völker oder Völker und Individuen (etwa in Art. 1, Abs. 1; Art. 3, Abs. 3, 5; Art. 4, Abs. 1). Vor allem Staaten werden als Pflichtenträger begriffen. Der Entwurf enthält 14 Artikel, die sich mit den Themen Prinzipien eines Menschenrechts auf Frieden, menschliche Sicherheit, Abrüstung, Friedenserziehung, Kriegsdienstverweigerung, private Militär- und Sicherheitsfirmen, Widerstand und Opposition gegenüber Unterdrückung, UN Friedensoperationen, Recht auf Entwicklung, Umwelt, Rechten von Opfern und verletzlichen Gruppen sowie Rechten von Flüchtlingen und Migranten befassen. In Artikel 13 zur Umsetzung des Rechts wird auf Staaten und internationale Organisationen als Pflichtenträger abgehoben, aber auch betont, dass eine wirksame Umsetzung des Menschenrechts auf Frieden eine Beteiligung der Zivilgesellschaft verlangt (Art. 13, Abs. 3). Es wird auch vorgeschlagen, der Menschenrechtsrat möge einen Mechanismus zur Weiterführung der Diskussion und zur Überwachung (monitoring) einsetzen (Art. 13, Abs. 6; vgl. Heinz 2011b).

Die Diskussion über ein Menschenrecht auf Frieden erwies sich als ein kontroverses Thema zwischen den Staaten, besonders zwischen der westlichen Gruppe und Staaten des Südens. Sie war stark durch Reflexe der eigentlich über 20 Jahre zurückliegenden Ost-West-Konfrontation geprägt, die nicht so leicht überwindbar waren. Die westliche Staatengruppe lehnte durchweg mit großer Mehrheit eine neue Erklärung zu einem Recht auf Frieden mit den Hauptargumenten ab, es gebe kein Recht auf Frieden im Völkerrecht und das Thema gehöre nicht in den Menschenrechtsrat, sondern in die Zuständigkeit anderer UN-Organe (diese Reaktion gibt es meist auch zu Handels-, Entwicklungs- und Sicherheitsthemen im Menschenrechtsrat). Die Bundesregierung erklärte im Deutschen Bundestag ihre Ablehnung damit, es hätte weder Einigkeit über eine rechtliche Definition von Frieden erzielt noch geklärt werden können, wer Träger von Pflichten oder Rechten in diesem Zusammenhang sein sollte. Aus Sicht der Bundesregierung birgt der Resolutionstext die Gefahr, dass die Abwesenheit von Frieden als Rechtfertigung eingesetzt werde, Menschenrechte nicht zu respektieren (Deutscher Bundestag 2016, S. 19).

Nachdem der Entwurf des Beratenden Ausschusses den Menschenrechtsrat erreicht hatte, setzte dieser 2012 eine Open-Ended Inter-Governmental Working Group zur weiteren Bearbeitung des Themas ein, die drei Sitzungen abhielt. Die Diskussion in der ersten Sitzung der Arbeitsgruppe verlief ausgesprochen kontrovers. Eine Reihe von Regierungen äußerte zahlreiche Kritikpunkte am HRCAC-Entwurf, etwa gegenüber dem Konzept der menschlichen Sicherheit, dem Menschenrecht auf Kriegsdienstverweigerung (auf das sich seit langem der UN Menschenrechtsausschuss – Expertenausschuss zum UN Zivilpakt – beruft), oder zu der Frage, ob es überhaupt ein (Menschen-)Recht auf Frieden gebe oder geben sollte, ob es sich um ein kollektives oder individuelles Recht handele und ob ein Standard wie die Schutzverantwortung (responsibility to protect) in die Erklärung aufgenommen werden sollte (vgl. den Bericht der 1. Sitzung der Arbeitsgruppe, UN Menschenrechtsrat 2013). Am Ende der Sitzung wurde beschlossen, den Entwurf nicht weiter zu verfolgen, sondern den Vorsitzenden der Arbeitsgruppe, den stellvertretenden Botschafter Costa Ricas in Genf, Christian Guillermet-Fernández, einzuladen, nach Konsultationen neue Vorschläge vorzulegen.

Es folgten weitere schwierige Verhandlungen in der zweiten und dritten Sitzung der Arbeitsgruppe auf der Basis seiner Vorschläge (Protokolle: UN OHCHR. 2018b). Schließlich konnte sich die Mehrheit auf eine Resolution für den Menschenrechtsrat einigen, der 2016 zunächst vom Rat und später in der Generalversammlung

2016 verabschiedet wurde[4]. Die Mehrheit der westlichen Länder, darunter auch Deutschland, lehnte beide Resolutionen ab. Bei der GV-Resolution enthielten sich jedoch acht westliche Länder, darunter Italien, Polen, Portugal, Norwegen und die Schweiz. Interessant ist natürlich die Positionierung der einzelnen Länder, die aber in diesem kurzen Beitrag nicht untersucht werden kann.[5]

Die Resolution zum Recht auf Frieden in der Generalversammlung wurde unter anderem von Belarus, Kuba, Nordkorea, Simbabwe, Syrien und Venezuela eingebracht. Sie nimmt eine Reihe von wichtigen Leitgedanken zum Verhältnis zwischen Frieden und Menschenrechten auf, jedoch fast alle nur in der Form von überdurchschnittlich vielen Erwägungsgründen (UN Generalversammlung 2016). In den operativen Bestimmungen wird das Recht des Einzelnen *auf den Genuss von Frieden* bestätigt unter Bedingungen, in denen alle Menschenrechte gefördert und geschützt werden und die Entwicklung voll verwirklicht wird (Art. 1). Nach Artikel 2 sollen „die Staaten Gleichheit und Nichtdiskriminierung, Gerechtigkeit und Rechtsstaatlichkeit achten, verwirklichen und fördern und die Freiheit von Furcht und Not als Mittel zur Konsolidierung des Friedens innerhalb von und zwischen Gesellschaften garantieren".

In Artikel 3 heißt es, „die Staaten, die Vereinten Nationen und die Sonderorganisationen, namentlich die Organisation der Vereinten Nationen für Erziehung, Wissenschaft und Kultur, sollen geeignete nachhaltige Maßnahmen zur Umsetzung dieser Erklärung

---

4 Mit 34:9:4 bzw. 116:34:19 Stimmen (UN Generalversammlung 2016, auch abgedruckt in Berliner Komitee für die UNESCO-Arbeit 2017, S. 44ff.).

5 Die Positionierung einzelner Länder lässt sich in den UN-Protokollen der Arbeitsgruppe nicht nachvollziehen, da Positionen nicht Staaten zugeordnet werden. Aber in Publikationen dessen Vorsitzenden und seines Beraters geschieht dies (vgl. Guillermet-Fernández und Fernández Puyana 2015, 2016).

treffen." Den internationalen, regionalen, nationalen und lokalen Organisationen und der Zivilgesellschaft wird nahegelegt, bei der Umsetzung dieser Erklärung Unterstützung und Hilfe zu leisten.

Artikel 4 empfiehlt, es müssten „internationale und nationale Einrichtungen für Friedenserziehung gefördert werden, um den Geist der Toleranz, des Dialogs, der Zusammenarbeit und der Solidarität unter allen Menschen zu stärken". In dieser Hinsicht soll die Friedensuniversität (in Costa Rica) durch Lehre, Forschung, Postgraduierten-Ausbildung und Verbreitung von Wissen zu der großen universellen Aufgabe der Friedenserziehung beitragen.

Artikel 5 endet mit der Standardklausel vieler UN Resolutionen, die Erklärung sei nicht so auszulegen, als stände sie im Widerspruch zu den Zielen und Grundsätzen der Vereinten Nationen.

7 Schlussbemerkung

Der Vorsitzende der Regierungsarbeitsgruppe zum Recht auf Frieden, Christian Guillermet-Fernández, und sein Berater, David Fernández Puyana, veröffentlichten unterdessen mehr als zehn Publikationen zum Beratungsprozess und zu den Ergebnissen (vgl. z. B. Guillermet-Fernández und Fernández Puyana 2015, 2016, 2017). Die Bewertung des Verhandlungsprozesses und der Resolutionen fällt bei beiden Autoren sehr positiv aus. Indessen sind auch andere Beurteilungen möglich.

Es lassen sich einige erste Bewertungen wagen. Ohne Zweifel waren die Verhandlungen schwierig und kontrovers aufgrund der sehr disparaten Ausgangspositionen. Beim Ergebnis zeigt sich ein grobes Missverhältnis zwischen 37 Erwägungsgründen mit einigen interessanten Elementen und drei substantiellen operativen Paragrafen (Nr. 1, 2, 4), mit einer neuen Interpretation, die nicht als besonders menschenrechtsorientiert bezeichnet werden kann:

Aus einem Recht (ursprünglich: der Völker) auf Frieden wurde ein Recht für jeden, Frieden zu genießen – was immer das bedeutet. Neue menschenrechtsbezogene Verpflichtungen für Staaten sind kaum erkennbar. Aber es ist eben ein Recht auf Frieden *der Staaten* – eine menschenrechtliche Dimension ist kaum zu erkennen. Andererseits kann man argumentieren, dass das Thema „gerettet" werden konnte, vielleicht für bessere Zeiten – das heißt, mit einer neuen Chance, das Recht auf Frieden inhaltlich zu füllen -, aber das erscheint gegenwärtig recht spekulativ.

Allgemein, so darf vermutet werden, erschweren der Nachhall des Ost-West-Gegensatzes und Nord-Süd-Spannungslinien einen substantiellen Erfolg. Die Fundamentalopposition des Westens war unübersehbar. Verwiesen wurde auf die Gefahr des Missbrauchs durch eine solche Erklärung, aber es wurden auch Vorbehalte grundsätzlicher Art sichtbar, man wolle sich durch den Menschenrechtsschutz nicht Einschränkungen beim Einsatz militärischer Machtmittel auferlegen lassen, wie dies auch die mehrheitliche westliche Ablehnung von Menschenrechtsrat-Resolutionen zu Söldnern, Drohnen und Waffenexporten zeigt. Unter Glaubwürdigkeitsgesichtspunkten eigneten sich zur Einbringung einer Resolution zum Recht auf Frieden wenige Staaten wie zum Beispiel die Russische Föderation, China, Syrien und Nordkorea. Eine weitere zentrale Schwäche im Verhandlungsprozess war es wahrscheinlich, dass es nicht gelang, eine Gruppe gemäßigter Staaten zu finden, die aus den vorliegenden Vorschlägen des Beratenden Ausschusses und der NGOs eine stärker menschenrechtlich orientierte Erklärung hätten entwickeln können. Als attraktiver Pol hätten sie vielleicht andere, auch skeptische Staaten, überzeugen können. Zum Erfolg fehlte eine *like-minded* Gruppe einiger Staaten des Westens und des globalen Südens.

Wie viel Spielraum 2014 bis 2016 bei den Beratungen im Menschenrechtsrat und der Generalversammlung tatsächlich bestand, muss die weitere Forschung eruieren. Es kann auch sein, dass aufgrund der verhärteten Ausgangspositionen kaum Möglichkeiten für eine bessere Lösung existierten. Insgesamt bleibt abzuwarten, ob und welche Wirkungen die Resolution der Generalversammlung entfalten können wird.[6]

Literatur

Bailliet, Cecilia Marcela und Kjetil Mujezinovic Larsen (Hrsg.). 2015. *Promoting Peace Through International Law*. Oxford: Oxford University Press.

Berliner Komitee für die UNESCO-Arbeit. 2017. Kultur des Friedens. Ein Beitrag zum Bildungsauftrag der UNESCO: Building Peace in the Minds of Men and Women. http://www.unesco.de/534.html?&L=0http://www.unesco.de/534.html?&L=0. Zugegriffen: 17. April 2018.

Deutscher Bundestag. 2016. Schriftliche Fragen mit den in der Woche vom 4. Oktober 2016 eingegangenen Antworten der Bundesregierung, BT-Drs. Drucksache 18/9927 vom 7.10.2016. http://dip21.bundestag.de/dip21/btd/18/099/1809927. pdf. Zugegriffen: 18. Juni 2018.

Guillermet-Fernández, Christian und David Fernández Puyana. 2015. Envisioning the „Right to Life and enjoy Peace, Human Rights and Development" within the Human Rights Council. Przegląd Strategiczny. Nr. 8, S. 309-327. http://studiastrategiczne.amu.edu.pl/wp-content/uploads/2016/03/ps-2015-8-24.pdf. Zugegriffen: 18. Juni 2018.

Guillermet-Fernández, Christian und David Fernández Puyana. 2016. Analysis and Assessment of the Right to Peace in light of the latest developments at the Human Rights Council. Erudito, Bd. 2, Nr. 1, S. 94-116. http://eruditio.worldacademy.org/volume-2/issue-1/article/analysis-and-assessment-right-peace-light-latest-developments-human-rights-council. Zugegriffen: 17. April 2018.

---

6 Der Menschenrechtsrat hat für 2018 einen halbtägigen Workshop zur Frage der Umsetzung der verabschiedeten GV beschlossen.

Guillermet-Fernández, Christian und David Fernández Puyana. 2017. The Adoption of the Declaration on the Right to Peace by the United Nations. A Human Rights Landmark. Peace Human Rights Governance, Bd. 1, Nr. 2, 275-297. http://phrg.padovauniversitypress.it/system/files/papers/2017_2_6.pdf. Zugegriffen: 17. April 2018.

Harfensteller, Julia. 2012. Der Wandel der UN im Spiegel eines neuen Friedensverständnisses. Vereinte Nationen, 2012 (2), S. 71-76. http://www.dgvn.de/fileadmin/publications/PDFs/Zeitschrift_VN/VN_2012/Heft_2_2012/08_harfensteller_VN_2-12_12-4-2012.pdf. Zugegriffen: 17. April 2018.

Heinz, Wolfgang S. 2011a. Frieden und Menschenrechte. In *Handbuch Frieden*, hrsg. von Hans J. Gießmann und Berhard Rinke, 404-413. Wiesbaden: Springer.

Heinz, Wolfgang S. 2011b. Ein Menschenrecht auf Frieden? Auf dem Weg zu einer neuen Erklärung der Vereinten Nationen zu einem Menschenrecht auf Frieden. Vereinte Nationen 2011 (5), S. 221-225. http://menschenrechte-durchsetzen.dgvn.de/fileadmin/user_upload/menschenr_durchsetzen/bilder/News/Recht_auf_Frieden/07_heinz_beitrag_5-11_05-10-2011.pdf. Zugegriffen: 17. April 2018.

Heinz, Wolfgang S. und Peter Litschke. 2014. Der UN-Sicherheitsrat und der Schutz der Menschenrechte. Chancen, Blockaden und Zielkonflikte. Berlin: Deutsches Institut für Menschenrechte. https://www.institut-fuer-menschenrechte.de/uploads/tx_commerce/Essay_Der_UN_Sicherheitsrat_und_der_Schutz_der_Menschenrechte_Aufl_2.pdf. Zugegriffen: 18. Juni 2018.

Herdegen, Matthias. 2015. *Völkerrecht*. München: Beck.

Security Council Report. 2017. Can the Security Council Prevent Conflict? http://www.securitycouncilreport.org/research-reports/can-the-security-council-prevent-conflict.php. Zugegriffen: 17. April 2018.

Tehindrazanarivelo, Djacoba Liva und Robert Kolb. 2006. Peace, Right to, International Protection. In Oxford Public International Law. Max Planck Encyclopedia of Public International Law. http://opil.ouplaw.com/view/10.1093/law:epil/9780199231690/law-9780199231690-e858. Zugegriffen: 18. Juni 2018.

Tomuschat, Christian. 2014. *Human Rights. Between Idealism and Realism*. 3. Aufl. Oxford: Oxford University Press.

UNESCO. 2008. UNESCO's Work on Education for Peace and Non-Violence. Building Peace through Education. http://unesdoc.unesco.org/images/0016/001607/160787e.pdf. Zugegriffen: 18. Juni 2018.

UN Generalversammlung. 1984. Erklärung über das Recht der Völker auf Frieden. Resolution A/RES/39/11. http://www.un.org/Depts/german/uebereinkommen/ar39011.pdf. Zugegriffen: 17. April 2018.

UN Generalversammlung. 1999. Cultures of Peace. UN-Dok. A/RES/53/243A vom 13.09.1999. http://www.un-documents.net/a53r243a.htm. Zugegriffen: 17. April 2018.

UN Generalversammlung. 2005. Resolution 60/1: Ergebnis des Weltgipfels 2005. http://www.un.org/depts/german/gv-60/band1/ar60001.pdf. Zugegriffen: 17. April 2018.

UN Generalversammlung. 2014. Promotion of peace as a vital requirement for the full enjoyment of all human rights by all. UN Dok. A/RES/69/176. https://www.un.org/en/ga/search/view_doc.asp?symbol=A/RES/69/176. Zugegriffen: 18. Juni 2018.

UN Generalversammlung. 2016. Erklärung über das Recht auf Frieden. UN-Dok. A/HRC/RES/32/28 vom 18. Juli 2016. http://www.un.org/depts/german/menschenrechte/a-hrc-res-32-28.pdf. Zugegriffen: 17. April 2018.

UN Menschenrechtsrat. 2013. Report of the Open-ended Inter-Governmental Working Group on the Draft United Nations Declaration on the Right to Peace. UN Dok. A/HRC/WG.13/1/2 vom 26.04.2013. https://documents-dds-ny.un.org/doc/UNDOC/GEN/G13/134/66/PDF/G1313466.pdf?OpenElement. Zugegriffen: 17. April 2018.

UN Menschenrechtsrat Beratender Ausschuss. 2011. Progress report of the Human Rights Council Advisory Committee on the right of peoples to peace. 01. April 2011. https://documents-dds-ny.un.org/doc/UNDOC/GEN/G11/123/90/PDF/G1112390.pdf?OpenElement.%20. Zugegriffen: 17. April 2018.

UN OHCHR. 2018a. List of Issues. http://www.ohchr.org/EN/Issues/Pages/ListOfIssues.aspx. Zugegriffen: 18. Juni 2018.

UN OHCHR. 2018b. Right to Peace Open-ended Intergovernmental Working Group on the Draft United Nations Declaration on the Right to Peace. http://www.ohchr.org/EN/HRBodies/HRC/RightPeace/Pages/WG-DraftUNDeclarationontheRighttoPeace.aspx. Zugegriffen: 18. Juni 2018.

Witschen, Dieter. 2018. *Gibt es ein Menschenrecht auf Frieden? Eine rechtsethische Kontroverse*. Stuttgart: Kohlhammer.

Universalität der Menschenrechte aus völkerrechtlicher Perspektive

Martina Haedrich

1 Völkerrechtliche Werte – politische Werte

Anliegen dieser Replik ist es, aus völkerrechtlicher Sicht die Universalität der Menschenrechte und Wertvorstellungen zu beleuchten, die die universellen Menschenrechte prägen und Bezüge zu einer Theologie der Menschenrechte herzustellen. Die Wertvorstellungen zu den Menschenrechten, so wie sie im Völkerrecht zum Tragen kommen, sind *politischer Natur*. Diese, wie auch die völkerrechtlichen Normen selbst, sind durch Konsens zustande gekommen. Die Werte im Völkerrecht sind nicht mit religiösen Werten der verschiedenen Glaubensrichtungen und nicht mit Letztbegründungen gleichzusetzen, vermögen aber dennoch, bestimmte religiöse Vorstellungen zum Tragen zu bringen. Dabei sind und bleiben die völkerrechtlichen Werte politisch, ebenso wie die Idee universeller Menschenrechte in der Arbeit der Vereinten Nationen stets politischen Charakter trägt. Durch politische Entscheidungen und Institutionalisierungen werden Ideen und Konzepte zu den Menschenrechten zu Völkerrechtsnormen, das heißt zu positiven Rechten in Gestalt von Völkervertragsrecht und Völkergewohnheitsrecht. Menschenrechte sind Ziel und Mittel des Rechts respektive des Völkerrechts (vgl. Thürer 2009, S. 589; Bryde 2003, S. 64). Die dahinter stehenden philosophischen, religiösen und anderen weltanschaulichen Begründungen schlagen sich, durch vielfältige Einflüsse gebrochen, in Kompromissen nieder. Jürgen Habermas betont die ethischen Elemente des Religiösen in allgemeingültigen Werten und setzt auf religiöse Überlieferungen bei der Gestaltung des Zusammenlebens (vgl. Habermas 2005, S. 13). Gleichzeitig geht Habermas von der universellen Geltung von Normen aus, indem er die allgemeine „Befolgung für die Interessenlagen und Wertorientierungen *eines jeden*" und die gemeinsame zwanglose Akzeptanz aller Betroffenen annimmt (Habermas 1996, S. 60ff.). Alle allgemeingültigen Werte machen die Summe der Interessen der internationalen Akteure aus, die sich als universelle Normen für jeden Einzelnen manifestieren (vgl. Kleinlein 2012, S. 60).

Man mag bei den politisch geprägten Werten deren Tiefe beklagen, doch haben sie den positiven Effekt, zu Konsensen zu führen und damit Orientierung zu entsprechendem gemeinsamen Handeln, zur internationalen Zusammenarbeit, zu geben. Wenn vom Völkerrecht als einer Ordnung gesprochen wird, die nicht nur regulierend und gestaltend, sondern auch wertend wirkt, sind diese Werte mit ethischen Gehalten gleichzustellen, und es ist gerechtfertigt, von einer *Völkerrechtsethik* zu sprechen (vgl. Kadelbach 2004, S. 1). Diese stellt sich, anders als die Ethik der Theologie, die aus der Sicht des Völkerrechts eine Maximalethik (Kirchschläger 2012, S. 154) ist, nur als Minimalethik[1] dar, die sich weithin darauf beschränkt, konvergierende Interessen herauszubilden, die sich als Konsens in Vereinbarungen – in Gestalt

---

1 Der Begriff geht auf Bleckmann (2001, S. 15) zurück. Ähnlich auch Kadelbach (2004, S. 19), der die Herausbildung einer „ethischen Minimalordnung" beschreibt.

von Völkergewohnheitsrecht und Vertragsrecht – niederschlagen und sich in Grundsätzen, wie Gleichberechtigung, Gerechtigkeit oder Rechtssicherheit zeigen. Wenn es in der Präambel der UN-Charta heißt, dass die Gleichberechtigung von allen Nationen, ob groß oder klein, erneut zu bekräftigen ist und Bedingungen zu schaffen sind, unter denen die Gerechtigkeit und die Achtung vor den Verpflichtungen aus Verträgen und anderen Quellen des Völkerrechts gewahrt werden können, so sind das zu allgemeinen Rechtsgrundsätzen gewachsene Forderungen. Diese werden von allen internationalen Akteuren anerkannt und besitzen für das Völkerrecht im Ganzen Gültigkeit. Sie stellen sich als Gemeinschaftswerte dar und sind Ausdruck der Völkerrechtsethik. Die ethischen Gehalte sind nicht als solche durchsetzbar, beeinflussen aber die normative Ordnung und prägen sie auch. Anders als das christliche Naturrecht, das Völkerrechtsnormen nur unter christlichen Wertvorstellungen gelten ließ, ist die Völkerrechtsethik der Gegenwart die Summe derjenigen Werte, die von allen Staaten der internationalen Gemeinschaft gleichermaßen anerkannt werden. Unbestritten ist der Einfluss von Wertvorstellungen in Gestalt von religiösen oder weltanschaulichen Überzeugungen, die als transkulturelle und interreligiöse Elemente auf das Völkerrecht wirken. Die unterschiedlichen Einflüsse auf das Völkerrecht sind maßstabbildend.[2] *Positives Recht und Ethik* beziehungsweise Recht und Moral sind in Theorie und Praxis des Völkerrechts vielfältig miteinander verbunden.[3] Mit der Existenz des modernen Völkerrechts wurden die Wertegrundlagen neu ausgerichtet. Das Koexistenzvölkerrecht, das vom Souveränitätsprinzip bestimmt

---

2   Kadelbach (2004, S. 17) spricht von Leitidee.
3   Bung (2017, S. 127) hebt hervor: „Die Grenzziehung zwischen Recht und Moral ist nur sektoral sinnvoll, nicht aber im Hinblick darauf, was universell richtig ist."

wurde, ist weithin vom Kooperationsvölkerrecht abgelöst worden (Payandeh 2010, S. 489ff.), das von gemeinsamen Wohlfahrtsinteressen bestimmt ist (vgl. Bleckmann 2001, S. 7f., RN 19).

2 Völkerrechtsethik – Menschenrechtsethik

Die Stabilität der internationalen Gemeinschaft ist in Übereinstimmung der Normen mit dem „Guten" im Sinne John Rawls und seines *Overlapping Consensus* zu sehen, der auch Zugang zur Völkerrechtsethik eröffnet. Religiöse Überzeugungen, insbesondere solche der Gerechtigkeit, werden mit Grundsätzen, wie Freiheit und Gleichheit, zum Ausdruck gebracht. Danach sind für das Funktionieren eines internationalen Gemeinwesens ein politischer Kompromiss und damit ein Minimalkonsens in Gestalt der „Gerechtigkeit als Fairness" erforderlich (Rawls 1993, S. 164ff.). In der Präambel der Allgemeinen Erklärung der Menschenrechte (im Folgenden AEMR) ist von einem von allen Völkern und Nationen zu erreichenden gemeinsamen Ideal die Rede.[4] Damit werden ein umfassendes Ziel und die Verwirklichung gemeinsamer Maßnahmen an einem einheitlichen, durch Konsensfindung erreichten Maßstab beschrieben. Verstärkt hat sich der Ethikgedanke im Völkerrecht durch die Anerkennung solcher gemeinsamen Interessen, wie die gemeinsame Verfolgung der Verletzung grundlegender Menschenrechte und der Schutz von Umwelt, Weltmeeren, Weltraum oder Weltkultur als gemeinsames Erbe der Menschheit. Die Ausprägung solcher gemeinsamen Ziel- und Wertvorstellungen lässt sich an *erga omnes Normen* demonstrieren. *Erga omnes*

---

4   Die deutsche Fassung folgt dem französischen Text: „[...] comme l'idéal commun à atteindre par tous les peuples et toutes les nations". Die englische Fassung beschreibt die Erklärung als „a common standard of achievement for all peoples and nations".

Normen stellen Verpflichtungen gegenüber allen Staaten dar, bilden nicht nur allgemeingültige Regeln ab, sondern enthalten für alle Staaten und internationalen Akteure geltende grundlegende Werte (vgl. Thompson 1992, S. 20). Bestimmend hierfür ist die internationale *Rule of Law*, die selbst einen international verbindlichen Werterahmen darstellt. Die Anerkennung und Selbstbindung an *erga omnes Pflichten* und die Anerkennung der damit verbundenen Werte besteht permanent und kann nicht beendet werden, weil diese Regelungen für die Völkerrechtsordnung unabdingbar sind. Entwicklungen, wie die zum Menschenrechtsschutz und zur Schutzwürdigkeit grundlegender Menschenrechte durch die Staatengemeinschaft, belegen diese Entwicklung. Mit dem Ende des Ost-West-Konflikts und der damit einhergehenden Veränderung der internationalen Kräftekonstellation hin zum Souveränitätsverzicht und der Stärkung der Menschenrechtsordnung, hat sich die Völkerrechtsethik insbesondere als Friedensethik und Menschenrechtsethik herauskristallisiert (vgl. Walzer 1994, S. 63ff.).

Die *Menschenrechtsethik als Form der Völkerrechtsethik* beschäftigt sich mit grundlegenden Einsichten, basierend auf der Tatsache, dass Menschenrechte in verschiedenen Kulturräumen existieren, dass die Universalität der Menschenrechte in den verschiedenen Kulturen grundsätzlich anerkannt wird, aber dass es unterschiedliche kulturabhängige Akzentuierungen gibt. Die afrikanische und die islamische Menschenrechtskonzeption bieten dafür vielfältige Belege.

Zahlreiche religiöse und kulturelle Ansätze wirken auf das völkerrechtliche Konzept der Universalität der Menschenrechte ein. Der Begriff der Gottebenbildlichkeit des Menschen (Gen 1,26) entspricht dem Rechtsbegriff der Menschenwürde und der Menschenrechte, die sich wiederum auf die Menschenwürde gründen. Dieser Zusammenhang wurde von Wolfgang Vögele (1999, S. 132) in seinem Konzept der öffentlichen Theologie aufgezeigt, die den

Diskurs zwischen Völkerrecht und Theologie ermöglicht und neben Begründungen der christlichen Theologie auch konfessionell verschiedene Interpretationen zulässt. Denn: die Menschenrechte sind nicht allein ein westliches Erbe, sondern Produkt einer *Vielzahl von Kulturen*.[5]

Auch der kulturell-historische Zusammenhang zwischen der Verpflichtung auf *Solidarität* im Völkerrecht und der christlichen Forderung, sich brüderlich zu verhalten, kann durch das Deuteronomium auf der einen und durch UN-Dokumente auf der anderen Seite belegt werden. Doch schon im Bundesbuch, dem ältesten biblischen Buch der Rechte, werden der Rechtsschutz der *personae miserae* beschrieben und rechtliche Begründungen für ein solidarisches Verhalten der Reichen gegenüber den Armen gegeben (Ex 20,22ff.). Es ist zuerst Jahwe, der an die Adresse der Wohlhabenden die Forderung richtet, die Fremden, Witwen und Waisen nicht zu unterdrücken und ihnen Brot zu verschaffen (vgl. Otto 1988, S. 38). Dem Deuteronomium lassen sich Forderungen an die Reichen entnehmen, sich gegenüber den Armen brüderlich zu verhalten und eine Solidargemeinschaft zu bilden (vgl. Perlitt 1994, S. 50ff.). Diese Forderung an die Reichen, die Armen zu unterstützen, sie nicht zu bedrängen und zu unterdrücken, wird als „programmatischer Versuch der Verrechtlichung eines Ethos begriffen" (Achenbach 2009, S. 241). Der alttestamentlichen Annahme von Rechtsgleichheit unabhängig vom sozialen Status, gekoppelt mit der allgemeinen Forderung, die *personae miserae* zu schützen und ihnen zu geben, entspricht heute die Forderung, Armut zu beseitigen, Unterdrückung und Ausbeutung zu bekämpfen und Solidarität zu üben.

---

5 Kirchschläger (2016, S. 50) weist die Ansicht entschieden zurück, dass Menschenrechte ohne Zweifel westliches Produkt des Christentums bzw. der säkularen Aufklärung seien.

Die AEMR nimmt in Art. 1 die Brüderlichkeit als einen zentralen Begriff aus dem Forderungskatalog der französischen Revolution auf. Heute wird in den UN-Dokumenten von Solidarität gesprochen (siehe dazu nur UN Generalversammlung 2015). Dabei geht es, bezogen auf den Einzelnen, um die Verpflichtung, sich für das Wohlergehen anderer einzusetzen. Gerade die sozialen Elemente im Zusammenleben der Menschen werden in den westlichen Gesellschaften eher vernachlässigt, während in anderen Rechtskreisen derartige Regelungen öfter nachweisbar sind (Krennerich 2013, S. 10f.). In der westlich geprägten Menschenrechtskonzeption zielen die Menschenrechte vor allem auf Selbstentfaltung des Einzelnen. Die Afrikanische Charta der Rechte des Menschen und der Völker enthält hingegen zu den Rechten des Einzelnen auch einen Pflichtenkatalog.[6] Art. 29 der Afrikanischen Charta statuiert Pflichten gegenüber der Familie, dem Staat und der Gesellschaft. Dagegen sind in Art. 29 AEMR Pflichten des Einzelnen allgemein als Pflichten gegenüber der Gemeinschaft, in der allein die freie und volle Entwicklung seiner Persönlichkeit möglich ist, niedergelegt.

Brüderlichkeit und Solidarität lassen sich in Texten aller Weltreligionen nachweisen. Die Forderung zu handeln, wie es Gott will, den Armen Gutes zu tun, mithin mit ihnen solidarisch zu sein, lässt sich zum Beispiel auch auf den Koran zurückführen. So

---

6   Auf die Stellung von Menschenpflichten als Pendant zu Menschenrechten kann hier nicht näher eingegangen werden. Es waren und sind die Erfahrungen mit totalitären Regimes, die eine Distanz zu Menschenpflichten erforderlich machen. So hat auch die Allgemeine Erklärung der Menschenpflichten aus dem Jahr 1997 (abgedruckt 1998), vom InterAction Council erarbeitet, keinen Eingang in UN-Dokumente gefunden. Die überwiegende Zahl der Staaten hat die Erklärung nicht unterstützt. Eine kritische Bewertung eines solchen Pflichtenkatalogs schließt nicht aus, national wie international einen Beitrag zu leisten, Solidargefühl zu entwickeln und damit auch die Einsicht und das Verständnis zur Wahrnehmung von Grundpflichten zu fördern.

ist aus Sure 43/32 abzuleiten, dass die Reichen, die über größeren Wohlstand verfügen, die Verantwortung haben, den Armen zu geben und darüber Rechenschaft abzulegen.

Die Befreiung aus Armut und Unterdrückung durch die Gerechtigkeit Gottes, wie im Alten Testament aufgezeigt, entspricht im völkerrechtlichen Verständnis der Forderung nach Solidarität der reichen gegenüber den armen Staaten, die sich zum Beispiel in der Agenda 2030 niederschlägt. Diese Forderung konkretisiert sich auch in einem Menschenrecht auf Solidarität, das in einem unmittelbaren Zusammenhang zu einem Recht auf Entwicklung steht. Beide Rechte sind bisher nur in unverbindlichen Dokumenten auf universeller Ebene enthalten und damit erst im Werden begriffen.[7]

Das Konzept des Rechts auf Entwicklung ist auf die Gewährleistung der unabhängigen nationalen Entwicklung und die Schaffung beziehungsweise Festigung der wirtschaftlichen und sozialen Grundlagen zur Verwirklichung der Menschenrechte gerichtet (UN Generalversammlung 1986). Es wirkt daher als Voraussetzung zur Inanspruchnahme der Menschenrechte – als rechtliche Vorbedingung. Zu deren Realisierung wird Entwicklung als ein Recht formuliert, welches den Völkern wie dem Einzelnen als Recht auf gleiche Entwicklungsmöglichkeiten zusteht (vgl. von Bernstorff 2014, S. 71ff.).

Eine gewisse Konturierung erhielt das Recht auf Entwicklung im Abschlussdokument der Wiener Menschenrechtskonferenz. Darin wird bestätigt, dass zwar wirtschaftliche Not und extreme Armut die wirksame Inanspruchnahme von Menschenrechten behindern, dass aber Menschenrechtsverletzungen keine Rechtfertigung für Entwicklungsrückstände sein können. Weiterhin wird herausge-

---

7 Die 17 Ziele für nachhaltige Entwicklung sind das Kernstück der Agenda und erstrecken sich auf alle drei Dimensionen der Nachhaltigkeit gleichermaßen.

stellt, dass die Staatengemeinschaft zur Verbesserung der Lage in den betroffenen Staaten zum Handeln verpflichtet ist, wenn durch die wirtschaftliche Situation effektiver Menschenrechtsschutz nicht mehr gewährleistet werden kann (Menschenrechtsweltkonferenz der Vereinten Nationen 1994, Ziff. 11, 12).

Lange war es das *basic-needs-Konzept,* auf das sich die Forderung gegründet hat, ein Mindestmaß an Wohlstand in den Entwicklungsländern herzustellen. Es tauchte mit dem Entwicklungskonzept Mitte der 1970er-Jahre auf. Im Bericht zum Weltbeschäftigungsprogramm der ILO hieß es, dass Entwicklung nur vorliegt, wenn die grundlegenden Bedürfnisse der Menschen befriedigt werden (International Labour Conference 1977, S. 2ff.). Doch das *basic-needs-Konzept* richtet sich auf die Sicherung eines Mindestmaßes an Wohlstand, Freiheit, Selbstständigkeit, menschlicher Würde und kultureller Identität unterhalb der Schwelle der rechtlichen Verbindlichkeit (M'Baye 1978, S. 645ff.). Deshalb haben auch die *basic needs* keinen Eingang in die Afrikanische Charta der Rechte des Menschen und der Völker gefunden. Vielmehr wurde das Recht auf Entwicklung, das als Verrechtlichung der *basic needs* zu begreifen ist, in Art. 22 der Afrikanischen Charta der Rechte des Menschen und der Völker verankert. Damit werden die Ansprüche des Menschen nicht auf das Mindeste reduziert, sondern es wird das Erforderliche angenommen und statuiert. Auf UN-Ebene finden sich Elemente des Konzepts des Rechts auf Entwicklung aktuell in der Agenda 2030, die mit ihrem Anliegen, soziale Gerechtigkeit zu erreichen, Parallelen zu christlichen Forderungen einer Parteinahme für die Armen und Benachteiligten aufweist (vgl. UN Generalversammlung 2015).

Dass wirtschaftliche und soziale Entwicklung mit der umfassenden Entwicklung des Menschen und dem Schutz seiner Rechte einhergehen müssen, wird von afrikanischer Seite deutlich gemacht. Es werden die wechselseitigen Zusammenhänge der Menschenrechte untereinander betont und Auffassungen zurückgewiesen, eine bloße Beseitigung des Hungers genieße gegenüber der Verwirklichung der Menschenrechte Vorrang („Brot vor Rosen", vgl. M'Baye 1978, S. 645). Unbestreitbar ist, dass es objektiv erforderlich ist, dringliche Maßnahmen zur Beseitigung von Armut, Seuchen und Unterentwicklung zu ergreifen. Aber zu durchgreifenden Änderungen kann es nur kommen, wenn grundlegende Umgestaltungen der bestehenden sozialökonomischen und politischen Strukturen vorgenommen und demokratische Verhältnisse geschaffen werden. In diesem Sinne spricht Etienne Mbaya (1997, S. 70f.) von der Konzeption des afrikanischen Humanismus, wonach ein untrennbarer Zusammenhang zwischen Recht und Gerechtigkeit besteht und eine Balance zwischen den Rechten des Einzelnen und seinen Pflichten der Gruppe gegenüber angestrebt ist.

3 Universalität der Menschenrechte und Relativierung des Universalitätsanspruchs

Wenn sich Christen in Europa auf die Verwurzelung der Menschenrechte in Christentum und Aufklärung berufen, darf das nicht geschehen, ohne anzuerkennen, dass auch andere Religionen Menschenrechte begründen (vgl. Huber und Tödt 1988, S. 65). So finden sich in der Goldenen Regel die Maximen der Gleichheit und Gerechtigkeit in Christentum und Judentum, aber auch im Islam, Buddhismus und Hinduismus.[8] Die Goldene Regel stellt ein *allgemeines ethisches Prinzip* dar, das auf gegenseitiger Res-

---

8 Alles nun, das euch die Leute tun sollen, das tut ihnen auch (Christentum). Was du nicht wünschest, dass dir dein Nächster tue, das tue du ihm nicht (Judentum). Lass keinen von euch einen Bruder so behandeln, wie er selbst nicht behandelt werden möchte (Islam). Man soll für andere das Glück wünschen, das man sich selbst wünscht

pektierung beruht und als eine Regel der Moral, die bestimmte Handlungsweisen erfordert, zu betrachten ist (vgl. Tesak 2003). Derartige Maximen der Gleichheit und Gerechtigkeit sind in allen großen Religionen und Kulturen nachweisbar und finden sich gleichermaßen im Wertesystem der Menschenrechte. Christlicher Glaube und Aufklärung haben zur Anerkennung der Universalität der Menschenrechte beigetragen, aber auch andere Religionen und Kulturen haben zur universellen Geltung der Menschenrechte geführt. Hans Joas widmet bei der Begründung der Menschenrechte einen ganzen Abschnitt der Gefahr eines westlichen Triumphalismus (Joas 2015, S. 11f.). Universalität der Menschenrechte heißt Vielfalt und Vielgestaltigkeit ihrer Geltung und ist nicht mit Uniformität gleichzusetzen (vgl. Höffe 2002).

Vielfalt und Vielgestaltigkeit heißt auch, dass die Universalität der Menschenrechte als Ausdruck der menschlichen Emanzipation und als Weltbürgerrecht im Kant'schen Sinne zu verstehen ist (Kant 1977a [1797], S. 352). Ein solches Weltbürgerrecht hat Kant vor allem gegen den Kolonialismus gestellt, in dem er dieses allen Menschen, auch denjenigen, die in kolonialer Abhängigkeit leben, zugestanden hat (vgl. Kant 1977b [1796]), S. 357).

Es ist das große Verdienst der Aufklärung und des rationalistischen, das heißt aus der Vernunft abgeleiteten Naturrechts, den Menschen in seiner Subjektstellung zu begreifen. Die Konzeption des rationalistischen Naturrechts geht zurück auf Hugo Grotius, der sich bei der Bestimmung der Menschenrechte nicht auf die christliche Moral, sondern auf die menschliche Natur bezog, wonach alle natürlichen Rechte für alle rationalen und sozialen Wesen, unabhängig vom Glauben, der Vernunftbegabung und Gesellschaftsfähigkeit, gelten. Die daraus entstandene aufklärerische

---

(Buddhismus). Du sollst in Angelegenheiten anderer das tun, was du für dich tust (Hinduismus), vgl. Nowak 2002, S. 21.

Idee der natürlichen, angeborenen und unveräußerlichen Rechte führte zu einem Denken, das die Menschenrechte nicht aus einer göttlichen Ordnung, sondern aus der *Natur des Menschen und seiner Selbstbestimmtheit* ableitet.[9] Nicht ohne größere Widerstände der Kirchen konnte sich diese Auffassung durchsetzen und die Unterscheidung zwischen Glaubenden und Nichtglaubenden aufgehoben werden.[10] Heute machen die christlichen Kirchen die Idee der universalen Menschenrechte in vielfältiger Weise fruchtbar, doch ist stets zu erinnern, dass sie nicht Urheber des universellen Menschenrechtsgedankens sind. Zu bedenken ist auch, dass die Aufklärung die Idee der Vernunftbegabung und Selbstbestimmtheit des Menschen einschränkte. Menschenrechte wurden nur bestimmten Gruppen zugestanden und zum Beispiel Farbige, Sklaven und Frauen ausgegrenzt. Sklaverei, Folter, Rassismus, ethnische Säuberungen sind bis heute Auswirkungen eines selektiven Universalismus. In der Konsequenz sind es stets die Erfahrungen aus Gewalt und Unterdrückung, die ein Bewusstsein zur Anerkennung von Rechten erzeugen. Eine philosophische und rechtliche Verankerung erfuhren die Menschenrechte erst im 20. Jahrhundert. Alle universellen Menschenrechtsdokumente sind säkular. Wenn auch Bezüge zu Gott hergestellt werden, geht es nach universellem Menschenrechtsverständnis nicht um das Verhältnis von Gott und den Menschen, sondern vielmehr um das Verhältnis der Menschen zueinander und die Verpflichtungen der Staaten, Menschenrechte zu gewähren (vgl. Bielefeldt 1998, S. 21).

---

9   Herdegen (2018, S. 19f., RN 4) spricht von einer „Enttheologisierung des Naturrechts" bei Grotius.
10 Huber und Tödt (1988, S. 40, 45) stellen heraus, dass die Menschenrechte „gegen den Willen von Theologie und Kirche zur Geltung gebracht worden" sind. Auch wird festgestellt, dass bei der katholischen Lehre eine „Ablehnung der Menschenrechte" und beim Protestantismus eine „traditionelle Distanz" bestand.

Schon die Französische Menschenrechtserklärung aus dem Jahr 1793 erklärte in Art. 21, die öffentliche Unterstützung der Bedürftigen als heilige Schuld (*dette sacrée*) zu betrachten und nahm durch Arbeitsbeschaffung oder Unterhaltssicherung die Gesellschaft (*société*), nicht allein den Staat, in die Pflicht. Ganz so ist auch Art. 28 AEMR zu verstehen, in dem es heißt: „Jeder Mensch hat Anspruch auf eine soziale und internationale Ordnung, in welcher die in der vorliegenden Erklärung aufgeführten Rechte und Freiheiten voll verwirklicht werden können." Die AEMR bringt die Wertvorstellungen, unabhängig vom religiösen oder weltanschaulichen Hintergrund zum Ausdruck. Die an der Erarbeitung des Dokuments beteiligten Vertreter außereuropäischer Kulturkreise, wie die Inderin Hansa Mehta, der Libanese Charles Malik, der Ägypter Omar Loufti und der Chinese Pen Chun Chang, ließen keine Zweifel daran, dass die in der Erklärung beschriebenen Menschenrechte auch in den Kultur- und Rechtskreisen, denen sie angehören, Geltung haben. Der universelle Anspruch wird aber auch vielfach relativiert (Perry 1997, S. 465). Während auf der ersten Menschenrechtskonferenz in Teheran im Jahr 1968 Einmütigkeit darüber bestand, dass die Menschenrechte unveräußerlich, unantastbar sowie unteilbar sind (International Conference on Human Rights 1968) und kulturelle Unterschiede nicht näher zu thematisieren sind, erforderten spätere Entwicklungen, wie die Stärkung des internationalen Menschenrechtsschutzes auf der Grundlage eines gewandelten Souveränitätsverständnisses, eine tiefere Beschäftigung mit der Rolle von Kultur und Tradition bezogen auf das Menschenrechtsverständnis. Schon auf den regionalen Vorbereitungskonferenzen zur Wiener Menschenrechtskonferenz in Bangkok und Tunis wurden deutliche Akzente gesetzt. In der Erklärung von Bangkok wird zwar die Universalität der Menschenrechte betont, jedoch gleichzeitig gesagt, dass bei künftiger Rechtsetzung (*Law Making*) die nationale und regionale Spezifik und die unterschiedlichen historischen, kulturellen und religiösen Grundlagen der Staaten Aufnahme finden müssen (Regional Meeting for Asia of the World Conference on Human Rights 1993). Die Erklärung von Tunis enthält diese Aspekte auch und erweitert sie aber noch auf Traditionen, Standards und Wertvorstellungen der Völker, die schon jetzt berücksichtigt werden müssen. Damit beschränkt sich die Erklärung von Tunis nicht, wie die Erklärung von Bangkok, auf künftige Normsetzungen, sondern fordert eine teilweise Neu- oder Uminterpretation bestehender Menschenrechtsnormen (Organization of African Unity 1992). Diese Auffassung ist besonders aus dem islamischen Lager zu vernehmen. Die Menschenrechte in islamischen Staaten sind in hohem Maße religiös geprägt (Haedrich 2017, S. 259, 264). Danach steht die Scharia allen Rechten, auch den Menschenrechten, vor, doch gleichzeitig werden die UN-Menschenrechtskonventionen angeführt (vgl. Organisation der Islamischen Konferenz 1990; Rat der Liga der arabischen Staaten 2004). Dies ist Ausdruck der widersprüchlichen Haltung vieler islamischer Staaten zur Geltung religiöser Normen einerseits und der universellen Menschenrechte andererseits. Die Universalität der Menschenrechte wird von der überwiegenden Zahl der islamischen Staaten grundsätzlich nicht in Frage gestellt, doch stoßen nach islamischem Verständnis einzelne Rechte, die nach universellem Menschenrechtsverständnis grundlegend sind, wie die Religionsfreiheit und die Gleichberechtigung der Frau, an Religion und Tradition und damit an die *Universalisierbarkeit*. Das bedeutet aber nicht, pauschal von einer Unvereinbarkeit universeller Menschenrechte mit dem Islam auszugehen. Nicht nur die Tatsache, dass Vertreter islamischer Staaten an der Ausarbeitung der AEMR und an der Erarbeitung der UN-Menschenrechtskonventionen beteiligt waren sowie den Ausschüssen unter den Menschenrechtsabkommen angehören, die bestehende Rechte auslegen und ausformen, sondern auch, dass sie bei der Verabschiedung regionaler Menschenrechtsdokumente um den Versuch bemüht sind, diese an die UN-Menschenrechtsdokumente anzupassen, spricht für eine Anerkennung oder mindestens Akzeptanz der universellen Menschenrechte. Die Kairoer Menschenrechtserklärung, ein unverbindliches Dokument vom 5. August 1990, das durch die Organisation der Islamischen Konferenz, bestehend aus 57 Mitgliedern, verabschiedet wurde, enthält in der Präambel einen starken Bezug auf die Scharia, das heißt auf Rechte und Freiheiten im Islam als untrennbarer Teil der islamischen Religion sowie auf die islamische Umma „als universale wohlausgewogene Zivilisation". Gleichzeitig sind die anschließend aufgeführten Menschenrechte unter Bezugnahme auf die Scharia, nicht oder nur ansatzweise an die universell geltenden Menschenrechte angepasst.

Eine erkennbare Adaption an die UN-Menschenrechtskonventionen ist mit der Arabischen Menschenrechtscharta, dem ersten verbindlichen regionalen Übereinkommen arabischer Staaten, erfolgt. Die Arabische Liga, die 22 Staaten umfasst, hat die Arabische Menschenrechtscharta 1994 verabschiedet und 2004 überarbeitet. Am 15. März 2008 ist sie in Kraft getreten. Die Charta folgt konzeptionell und strukturell den beiden Menschenrechtskonventionen zu bürgerlichen und politischen sowie zu wirtschaftlichen, sozialen und kulturellen Rechten, umfasst das Recht auf Leben und persönliche Freiheit und Sicherheit, justizielle Rechte sowie bürgerliche, politische und wirtschaftliche, soziale und kulturelle Rechte, wie das Recht auf soziale Sicherheit, auf Gesundheit und das Recht auf Arbeit gleichermaßen. Auch die Arabische Menschenrechtscharta stellt einen Bezug zur Scharia her, betont aber auch den Zusammenhang zu den universellen Menschenrechten. Deshalb wird oft ein Gegensatz zwischen den islamischen Menschenrechtsvorstellungen und dem geltenden UN-Menschenrechtsverständnis angenommen. Aber ist das universelle Menschenrechtsverständnis genuin säkular? Und sind die Menschenrechtsvorstellungen ein gegen die Religionen zu stellendes Konzept? Unzweifelhaft sind alle Rechte in den UN-Menschenrechtsdokumenten als säkulare Rechte angelegt und statuiert, doch bestehen, ebenso unzweifelhaft, zahlreiche Bezüge zu religiösen Anschauungen. So bestehen Parallelen hinsichtlich der Rechte der *personae miserae* im Alten Testament und sozialer Menschenrechte in den UN-Dokumenten. Die Herstellung ethischer Verbindungslinien zwischen völkerrechtlichen und religiösen Dokumenten kann den *interreligiösen und interkulturellen Menschenrechtsdiskurs* befördern, vorausgesetzt, die Universalität der Menschenrechte und die durch die Vereinten Nationen erreichten Standards werden nicht negiert.

In der Arabischen Menschenrechtscharta ist in der Präambel ein Bezug zur Scharia in der Weise hergestellt, als diese als Teil des Islams herausgestellt wird: „Pursuant to the ethical principles of brotherhood, equality and tolerance among all human beings which were firmly established by the Islamic Sharia'a and other divinely-related religions" (Rat der Liga der arabischen Staaten 2004). Zudem wird die Anerkennung der AEMR und der UN-Menschenrechtskonventionen bekräftigt (Präambel Arabische Menschenrechtscharta). Die Geltung der Rechte wird jedoch eingeschränkt, wenn in diesem Kontext in der Präambel zur Berücksichtigung der Kairoer Erklärung (having regard to the Cairo Declaration) aufgerufen wird. Eine solche in einem verbindlichen Dokument wie in der Arabischen Menschenrechtscharta verankerte Aufforderung zur Berücksichtigung, bedeutet keine unbedingte Einhaltungspflicht, wohl aber eine Aufforderung, sich nicht in Widerspruch zur Kairoer Erklärung zu begeben. Die in der Arabischen Menschenrechtscharta bestehende Widersprüchlichkeit in den Aussagen zur Anerkennung der universellen Menschenrechte einerseits und der Bezugnahme auf die Scharia andererseits ist paradigmatisch für die Haltung der meisten islamischen Staaten. Um dieser ambivalenten Situation bei der Bewertung der universellen

Menschenrechte und der Scharia-Rechte gerecht zu werden, ist zu verdeutlichen, dass mit der Zustimmung zur AEMR und mit der Unterzeichnung der beiden UN-Menschenrechtskonventionen für bürgerliche und politische Rechte sowie für wirtschaftliche, soziale und kulturelle Rechte fast alle Staaten der internationalen Gemeinschaft beigetreten sind und der überwiegende Teil der islamischen Staaten diese Konventionen, wenn auch zum Teil mit Vorbehalten, ratifiziert hat. Damit ist die Universalität hinsichtlich der Zahl der Mitgliedsstaaten unbestritten erreicht. Dasselbe gilt für die Anerkennung der gemeinsamen, der AEMR und den UN-Menschenrechtskonventionen zugrunde liegenden universellen Werte unter Zurückstellung spezifischer eigener kultureller Vorstellungen. Die Staaten haben mit der Anerkennung dieser Menschenrechte und mit der Unterwerfung unter die Regelungen der universellen Menschenrechtskonventionen eigene Positionen hinsichtlich Religion, Tradition und Kultur zurückgestellt und sind, entsprechend der Verträge verpflichtet, dies auch weiterhin zu tun (vgl. Bielefeldt 1994, S. 44). Das heißt, hinter diese allgemein anerkannten Grundsätze und Regelungen kann nicht ohne Verletzung von Bestimmungen der Menschenrechtskonventionen zurückgegangen werden. Dies gilt auch für den aktuellen internationalen politischen Diskurs. Je mehr die Menschenrechte kulturneutral betrachtet werden, je umfassender werden sie umgesetzt (Höffe 2002, S. 56). Die universelle Menschenrechtsidee geht über die Ideen und Wertvorstellungen einzelner Kulturen hinaus, doch müssen universelle Orientierungen Raum für Vielfalt und Vielgestaltigkeit der Gesellschaften einräumen (vgl. Kälin 1994, S. 20). Aus afrikanischer Sicht betont Keba M'Baye (1969, S. 393), dass jede große Menschengruppe ihren eigenen Charakter und ihre eigene Kultur besitzt und stellt fest: „Il y a une manière nègro-africaine de concevoir l'univers". Udo di Fabio (2008, S. 64) fordert, über Menschenrechte und deren Geltung in den unterschiedlichen Kulturen stärker nachzudenken und gewachsene Kulturräume und das Gewicht der Kultur bei der Heranziehung universeller Menschenrechte stärker zu berücksichtigen. Dabei ist von „Universalitätskonkurrenzen" die Rede (di Fabio 2008, S. 70). Schließlich wird vor einer Unterschätzung der kulturellen und religiösen Kräfte durch den Westen gewarnt und eine Korrektur in Bezug auf das universelle Menschenrechtsverständnis gefordert (di Fabio 2008, S. 89).

Das Abschlussdokument der Wiener Menschenrechtskonferenz ist ein Beispiel dafür, wie der Widerspruch zwischen der Anerkennung kulturell spezifisch geprägter Menschenrechte und der Anerkennung darüber stehender universeller Menschenrechte gelöst werden kann (vgl. Nowak 2002, S. 165). Trotz aller kulturellen Unterschiede ist es auf der Konferenz gelungen, dass sich die 171 teilnehmenden Staaten darauf geeinigt haben, den universellen Charakter der im Dokument aufgenommenen Rechte und Freiheiten zu bekräftigen (Ziff. 2). Ausdruck des erfolgreichen Ringens um Resultate ist die eindeutige, wenn auch erst nach langen Verhandlungen gefundene, Formulierung im Dokument, dass die volle Verwirklichung der Menschenrechte nicht durch nationale und regionale Besonderheiten sowie unterschiedliche historische, kulturelle und religiöse Voraussetzungen verhindert oder eingeschränkt werden kann (Ziff. 5). Die Anerkennung der Universalität trotz bestehender Meinungsverschiedenheiten ist zweifellos Ausdruck der Kompromisshaftigkeit des Dokuments, aber auch der Kompromissfähigkeit der Staaten und lässt sich als Erfolg für das universelle Menschenrechtsverständnis verbuchen. Die sich in den Menschenrechten ausdrückenden gemeinsamen Werte machen in der Summe ein Wertesystem aus, das dem völkerrechtlichen Normensystem korrespondiert. Hans Joas begreift den Prozess der Herausbildung gemeinsamer Werte der AEMR als Wertegeneralisierungsprozess (vgl. Joas 2011). Menschenrechte werden als Quelle der Wertegeneralisierung über die Religionen, Kulturen und Weltanschauungen hinaus angesehen und die AEMR als deren Ergebnis betrachtet. Wichtig ist zu betonen, dass die Wertbildung bis heute als ein ständiges Ringen um gemeinsame Positionen zu begreifen ist (vgl. Haedrich 2009, S. 36). Nicht das Ziel, sondern die Dynamik des Prozesses um gemeinsame Werte muss im Vordergrund stehen.

4 Erweiterung des Menschenrechtsstandards – Erweiterung der Wertvorstellungen

Da die Menschheit in mehrere gleichzeitig nebeneinander bestehende, aber ganz unterschiedliche Entwicklungsstufen eingebunden ist, existieren die vielfältigen völkerrechtlich vereinbarten menschenrechtlichen Normen in einer notwendigen Verallgemeinerung als Maßstabsnormen – den internationalen Menschenrechtsstandards.[11] Der Begriff Menschenrechtsstandard (*Standard on Human Rights*), der heute zum festen Bestandteil der menschenrechtlichen Terminologie gehört, bedeutet, dass die menschenrechtlichen Übereinkommen ein für die Staaten vorgegebener Rahmen für die Gestaltung innerstaatlichen Rechts sind. Die unterschiedlichen Sozialisationen, in denen die Menschen leben, können auch zu unterschiedlichen Inhalten, Formen und Wertvorstellungen der rechtlichen Beziehungen führen, aber stets werden deren Rahmenbedingungen von allgemeinen menschenrechtlichen Normen und gemeinsamen Werten bestimmt. So besteht innerhalb des von

---

11 Zum Inhalt der internationalen Menschenrechtsstandards siehe Riedel (1991, S. 661).

Menschenrechtsstandards vorgegebenen Rahmens stets Raum für Abweichungen.[12]

Bestimmte Werte sind fest etabliert und gelten als allgemein anerkannt, andere bedürfen der Ausformung oder sind erst im Ansatz als „a goal and objective to be achieved under de lege ferenda perspective" nachweisbar (vgl. Lenzerini 2014, S. 246). Friderico Lenzerini (2014, S. 246) spricht von der Multikulturalität der Menschenrechte und führt an, dass diese vom Internationalen Gerichtshof und Internationalen Kommissionen anerkannt und die kulturellen Besonderheiten bei Entscheidungen berücksichtigt werden. Als anerkannte universelle Werte gelten der Schutz grundlegender Menschenrechte, Selbstbestimmung, Entwicklung und Umweltschutz (vgl. Paulus 2001, S. 284). Sie verfestigen sich in dem Maße, wie sie eine zunehmende Institutionalisierung erfahren (vgl. Tomuschat 1999, S. 281). Christian Tomuschat (2017, S. 309) fordert in diesem Zusammenhang auch, das *Soft Law* stärker in den Blick zu nehmen, da es bestimmte Interessen und Zielvorstellungen und damit auch Entwicklungstendenzen zum Ausdruck bringt. Das gilt vor allem für Resolutionen der Generalversammlung der Vereinten Nationen, die zwar empfehlenden Charakter tragen und damit als *Soft Law* einzuordnen sind, aber die Wirkung der Grundprinzipien stärken und konkretisieren. Damit haben sie als *Soft Law* einen nicht unerheblichen Einfluss auf die Rechtsfortbildung. Anzuführen ist vor allem die Friendly Relations Declaration aus dem Jahr 1970, die eine authentische Interpretation der UN-Charta darstellt, insbesondere die Grundsätze des Art. 2 UN-Charta auslegt und damit eine grundlegende rechtliche und gleichermaßen politische Wirkung hat (vgl. von

---

12 Die regionalen Menschenrechtssysteme in Europa, Amerika, Afrika und islamischen Staaten bringen sich in den „global human rights discourse" ein (Heyns und Killander 2013, S. 670).

Arnauld 2016, S. 117, RN 23). *Soft Law* vermag auf diese Weise eine „political aura" zu verbreiten (Tomuschat 2017, S. 313). In dieser *Vermittlerfunktion* zwischen Politischem und Rechtlichem als Forderung, Orientierung und Norm, ist es nicht nur rechtsbildend, sondern gleichermaßen wertbildend, das heißt, es kann auch die Wertvorstellungen bestehender und sich herausbildender universeller Menschenrechte ausprägen und befördern.

Literatur

Achenbach, Reinhard. 2009. Der Eintritt der Schutzbürger in den Bund. In *Gerechtigkeit und Recht zu üben (Gen 18/19)*, hrsg. von Reinhard Achenbach und Martin Arneth, 240-255. Wiesbaden: Harrassowitz Verlag.
Allgemeine Erklärung der Menschenpflichten. 1998. *ZEITdokument* 1998 (1): 37-38.
Arnauld von, Andreas. 2016. *Völkerrecht*. Heidelberg: Müller Verlag.
Bernstorff von, Jochen. 2014. Das Recht auf Entwicklung. In *Entwicklung und Recht. Eine systematische Einführung*, hrsg. von Stefan Kadelbach und Markus Kaltenborn, 71-100. Baden-Baden: Nomos Verlag.
Bielefeldt, Heiner. 1994. Universelle Menschenrechte angesichts der Pluralität der Kulturen. In *Ethik der Menschenrechte*, hrsg. von Hans Richard Reuter, 43-75. Tübingen: Mohr Siebeck.
Bielefeldt, Heiner. 1998. *Philosophie der Menschenrechte. Grundlagen eines weltweiten Friedensethos*. Darmstadt: Wissenschaftliche Buchgesellschaft.
Bleckmann, Albert. 2001. *Völkerrecht*. Baden-Baden: Nomos.
Bryde, Brun-Otto. 2003. Konstitutionalisierung des Völkerrechts und Internationalisierung des Verfassungsrechts. *Der Staat* 2003 (1): 61-75.
Bung, Jochen. 2017. Naturrecht-Völkerrecht-Weltrecht. Der Code des Hugo Grotius. *Archiv des Völkerrechts* 55 (2): 125-147.

di Fabio, Udo. 2008. Menschenrechte in unterschiedlichen Kulturräumen. In *Gelten Menschenrechte universal? Begründungen und Infragestellungen*, hrsg. von Günter Nooke, 63-97. Freiburg: Herder Verlag.

Habermas, Jürgen. 1996. *Die Einbeziehung des Anderen*. Frankfurt a. M.: Suhrkamp.

Habermas, Jürgen. 2005. *Zwischen Naturalismus und Religion*. Frankfurt a. M.: Suhrkamp.

Haedrich, Martina. 2009. Multireligiosität als Rechtsproblem – das Beispiel Islam. In *Muslime im säkularen Staat – eine Untersuchung anhand von Deutschland und Österreich*, hrsg. von Martina Haedrich, 33-52. Stuttgart: Boorberg Verlag.

Haedrich, Martina. 2017. Islam in Deutschland – Konflikte und Lösungsansätze. In *Flucht, Asyl und Integration aus rechtlicher Perspektive*, hrsg. von Martina Haedrich, 259-278. Tübingen; Mohr Siebeck.

Herdegen, Matthias. 2018. *Völkerrecht*. 15. Aufl. München: Beck.

Heyns, Christof und Magnus Killander. 2013. Universality and the Growth of Regional Systems. In *The Oxford Handbook of International Human Rights Law*, hrsg. von Dinah Shelton, 670-696. Oxford: Oxford University Press.

Höffe, Otfried. 2002. Kulturimperialismus oder interkultureller Diskurs? *Zeitschrift für Kulturaustausch* 2002 (1): 54-60.

Huber, Wolfgang und Hans-Eduard Tödt. 1988. *Menschenrechte. Perspektiven einer menschlichen Welt*. 3. Aufl. München: Beck.

International Conference on Human Rights. 1968. Proclamation of Teheran Final Act of the International Conference on Human Rights. UN Dok. A/CONF: 32/41 vom 13. Mai 1968. https://www.aaas.org/sites/default/files/SRHRL/PDF/IHRDArticle15/Proclamation_of_Teheran_Eng.pdf. Zugegriffen: 01. Juli 2018.

International Labour Conference. 1977. World Employment Programme, Report of the Secretary General, International Labour Conference 63rd Session. UN Dok. E/5758 vom 5. Juli 1976. http://www.ilo.org/public/portugue/region/eurpro/lisbon/pdf/09383_1977_63_part2.pdf. Zugegriffen: 01. Juli 2018.

Joas, Hans. 2011. *Die Sakralität der Person. Eine neue Genealogie*. Frankfurt a. M.: Suhrkamp.

Joas, Hans. 2015. *Sind Menschenrechte westlich?* München: Kösel Verlag.

Kadelbach, Stefan. 2004. Ethik des Völkerrechts unter den Bedingungen der Globalisierung. *Zeitschrift für ausländisches öffentliches Recht und Völkerrecht* 64 (1): 1-20.

Kälin, Walter. 1994. Menschenrechte in der kulturellen Vielfalt. In *Menschenbilder, Menschenrechte, Islam und Okzident, Kulturen im Konflikt*, hrsg. von Stefan Bätzli, Fridolin Kissling und Rudolf Zihlmann, 17-22. Zürich: Unionsverlag.

Kant, Immanuel. 1977a [1797]. *Die Metaphysik der Sitten*. Werkausgabe Band VIII, hrsg. von Wilhelm Weischedel. Frankfurt a. M.: Suhrkamp.

Kant, Immanuel. 1977b [1796]. Zum ewigen Frieden. Ein Philosophischer Entwurf. In *Schriften zur Anthropologie, Geschichtsphilosophie, Politik und Pädagogik 1*, Werkausgabe Band XI, hrsg. von Wilhelm Weischedel, 191-251. Frankfurt a. M.: Suhrkamp.

Kirchschläger, Peter. 2012. *Wie können Menschenrechte begründet werden?*. Münster: LIT.

Kirchschläger, Peter. 2016. *Menschenrechte und Religion: Nichtstaatliche Akteure und ihr Verhältnis zu den Menschenrechten*. Paderborn: Schöningh Verlag.

Kleinlein, Thomas. 2012. *Konstitutionalismus im Völkerrecht. Konstruktion und Elemente einer idealistischen Völkerrechtslehre*. Heidelberg: Springer Verlag.

Krennerich, Michael. 2013. *Soziale Menschenrechte. Zwischen Recht und Politik*. Schwalbach a.Ts.: Wochenschauverlag.

Lenzerini, Friderico. 2014. *The Culturalization of Human Rights Law*. Oxford: Oxford University Press.

Mbaya, Etienne. 1997. Zur Universalität der Menschenrechte. In *Staatsphilosophie und Rechtspolitik*, hrsg. von Burkhard Ziemske, 49-84. München: Beck.

M'Baye, Keba. 1969. Les reálités du monde noir et les droits de l'homme. *Revue des Droits de l'homme* 2 (3): 382-394.

M'Baye, Keba. 1978. Les droits de l'homme en Afrique. In *Les dimensions internationales des droits de l'homme*, hrsg. von Karel Vasak, 645-663. Paris: Unesco.

Menschenrechtsweltkonferenz der Vereinten Nationen. 1994. Wiener Erklärung der Menschenrechtsweltkonferenz der Vereinten Nationen in Wien vom 12. Juli 1993. A/CONF.157/23. In *Texte der Deutschen Gesellschaft der Vereinten Nationen*, 17. Bonn: DGVN.

Nowak, Manfred. 2002. *Einführung in das internationale Menschenrechtssystem*. Wien: Neuer wissenschaftlicher Verlag.

Organisation der Islamischen Konferenz. 1990. Kairoer Erklärung der Menschenrechte der Organisation der Islamischen Konferenz. Cairo Declaration on Human Rights in Islam vom 5. August 1990. U.N. GAOR, World Conference on Human Rights, A/CONF.157/PC/62/Add 18 (1993). http://www.fmreview.org/Human-Rights/cairo.html. Zugegriffen: 01. Juli 2018.

Organization of African Unity. 1992. Declaration of Tunis. A/CONF 157!ASRM/8. http://www.un.org/popin/oau/tunisdcl.htm. Zugegriffen: 01. Juli 2018.

Otto, Eckardt. 1988. *Wandel der Rechtsbegründungen in der Gesellschaftsgeschichte des antiken Israel. Eine Rechtsgeschichte des „Bundesbuches"*. Leiden: Brill Verlag.

Paulus, Andreas. 2001. *Die internationale Gemeinschaft im Völkerrecht. Eine Untersuchung zur Entwicklung des Völkerrechts im Zeitalter der Globalisierung*. München: Beck.

Payandeh, Mehrdad. 2010. *Internationales Gemeinschaftsrecht*. München: Springer.

Perlitt, Lothar. 1994. *„Ein einzig Volk von Brüdern". Deuteronomium-Studien*. Tübingen: Mohr Siebeck.

Perry, Michael J. 1997. Are Human Rights universal? *Human Rights Quarterly* 19 (3): 461-509.

Rat der Liga der arabischen Staaten. 2004. Arabische Charta der Menschenrechte. The Arab Charter on Human Rights 2004. *Boston University International Law Journal* 24 (2): 147-164.

Rawls, John. 1993. *Political Liberalism*. New York: Columbia University Press.

Regional Meeting for Asia of the World Conference on Human Rights. 1993. Declaration of Bangkok vom 2. April 1993. A/CONF 157/AFRM/Add 1. http://faculty.washington.edu/swhiting/pols469/Bangkok_Declaration.doc. Zugegriffen: 01. Juli 2018.

Riedel, Eibe. 1991. Recht auf Entwicklung (und Drittgenerationenrechte). In *Handbuch Vereinte Nationen*, hrsg. von Rüdiger Wolfrum, 657-665. München: Beck.

Tesak, Gerhild. 2003. Goldene Regel. In Online-Wörterbuch der Philosophie, hrsg. von Wulff D. Rehfus. UTB.philosophie-woerterbuch.de/

online-woerterbuch/?title-Goldene Regel&tx_gbwbphilosophie main [entry]. Zugegriffen: 17. Juni 2018.

Thompson, Janna. 1992. *Justice and World Order*. London: Routledge.

Thürer, Daniel. 2009. Herkules und die Herausforderungen des modernen Menschenrechtsschutzes. In *Völkerrecht als Fortschritt und Chance*, hrsg. von Daniel Thürer, 585-606. Zürich: Dike Verlag AG.

Tomuschat, Christian. 1999. International Law: Ensuring the Survival of Mankind on the Eve of a new Century. Collected Courses of the Hague Academy of International Law, The Hague Academy of International Law. http://dx.doi.org/10.1163/1875-8096_pplrdc_ej.9789041114884.009_438. Zugegriffen: 17. Juni 2018.

Tomuschat, Christian. 2017. Effectiveness and Legitimacy in International Law – Concluding Observations. *Zeitschrift für ausländisches öffentliches Recht und Völkerrecht* 77 (2): 309-320.

UN Generalversammlung. 1986. Declaration on the Right to Development. 1986. UN Dok. A/RES/ 41/128 vom 4. Dezember 1986. http://www.un.org/documents/ga/res/41/a41r128.htm. Zugegriffen: 01. Juli 2018.

UN Generalversammlung. 2015. Transforming our World. The 2030 Agenda for Sustainable Development vom 25. September 2015. UN Dok. A/RES/70/1. https://sustainabledevelopment.un.org/post2015/transformingourworld/publication. Zugegriffen: 01. Juli 2018.

Vögele, Wolfgang. 1999. Christliche Elemente in der Begründung der Menschenrechte. In *Ethik der Menschenrechte. Zum Streit um die Universalität einer Idee*, hrsg. von Hans-Richard Reuter, 103-134. Tübingen: Mohr Siebeck.

Walzer, Martin. 1994. *Thick and Thin. Moral Argument at Home and Abroad*. Notre Dame, IN: University of Notre Dame Press.

Autorinnen und Autoren

Daniel Bogner, Dr. theol. habil., Professor für Allgemeine Moraltheologie und Ethik an der Katholisch-Theologischen Fakultät der Universität Fribourg (CH)

Martina Haedrich, Dr. iur. habil., Professorin i. R. für Öffentliches Recht und Völkerrecht an der Friedrich-Schiller-Universität Jena

Wolfgang S. Heinz, Dr. phil. habil., Senior Policy Adviser am Deutschen Institut für Menschenrechte, zuständig für internationale Sicherheitspolitik, UN-Menschenrechtsschutz und Privatdozent für Politische Wissenschaft an der FU Berlin

Friedrich Lohmann, Dr. theol. habil., Professor für Evangelische Theologie mit dem Schwerpunkt Angewandte Ethik an der Universität der Bundeswehr München

Sarah Jäger, Dr. theol., Wissenschaftliche Mitarbeiterin an der Forschungsstätte der Evangelischen Studiengemeinschaft e. V. in Heidelberg

Christine Schliesser, Dr. theol. habil., Wissenschaftliche Koordinatorin der Interfakultären Forschungskooperation (IFK) „Religious Conflicts and Coping Strategies" der Universität Bern, Research Fellow am Chair for Historical Trauma and Transformation der Universität Stellenbosch (Südafrika) und Privatdozentin an der Theologischen Fakultät der Universität Zürich

MIX
Papier aus verantwortungsvollen Quellen
Paper from responsible sources
FSC® C105338

If you have any concerns about our products,
you can contact us on
ProductSafety@springernature.com

In case Publisher is established outside the EU,
the EU authorized representative is:
**Springer Nature Customer Service Center GmbH
Europaplatz 3, 69115 Heidelberg, Germany**

Printed by Libri Plureos GmbH
in Hamburg, Germany